宝塚少女歌劇、はじまりの夢

小竹哲

集英社インターナショナル

宝塚少女歌劇、はじまりの夢

まえがき

宝塚歌劇と聞いて、読者各位はどんなものをイメージされるだろうか？
女性たちだけから成る劇団、カッコ良い男役スター、ラインダンス、電飾の大階段（おおかいだん）、羽根を背負ったきらびやかな衣装……。本拠地の宝塚大劇場や、東京・日比谷の東京宝塚劇場周辺に集まるお揃いのウェアの女性ファンを思い浮かべる人もいるかもしれない。実際に公演を観たことがある人は、三〇分の休憩時間をはさんで三時間のうち前半がミュージカル芝居、後半がショーの二本立てが基本であり、時々一本立て大作を上演していることをご存じだろう。

タカラヅカが生まれたのは大正三年（一九一四）。一一〇年になろうとする歴史がある。創設当初の呼称は宝塚歌劇ではなく、宝塚少女歌劇だった。少女の二文字が消えたのは、戦争の影が色濃くなってきた昭和一五年（一九四〇）だが、『ベルサイユのばら』が日本列島を席巻（せっけん）した昭和五〇年（一九七五）前後にも、京阪神の阪急文化圏外の地方（三重県四日市市）の小学生だった筆者の周辺の大人や同級生たちは、宝塚歌劇を〝少女歌劇〟と認識し、実際そう呼んでいたように記憶する。

一世紀以上も昔、誕生したばかりの宝塚少女歌劇は、しかし、冒頭に挙げた共通イメージとは全く異なるものだった。ラインダンスや大階段や羽根は、昭和二年（一九二七）に〝レビュー〟という様式をフランスから移植して以後のものである。現在と違い人気があったのは娘役のほうで、みんな娘役をやりたがるので、男役希望者は貴重だと言われた。ファンは圧倒的に若い男性が多く、むしろ現在の乃木坂46、櫻坂46、日向坂46といったアイドルグループの人気とダブる。一公演は基本五本立てであり、そして何よりも驚くのは、結婚後も舞台に立っていた団員がいたことである。

宝塚ファンにとっては当たり前の話なのだが、宝塚の団員は女性であるだけではなく、未婚でなくてはならず、結婚する時は退団せねばならない。そして宝塚の団員は「生徒」と呼ばれる。その背景にはいろいろあるが、昭和一四年（一九三九）に分離されるまで、劇団と学校が一体だったことの名残とも考えられる。団員が「生徒」なので、演出家は「先生」である。いずれにせよ、ブランドイメージとしての処女性は、宝塚が宝塚たるアイデンティティの一つなのである。

宝塚新温泉正面。入り口上方に「宝温泉」の看板がある。

阪急電鉄の前身である箕面有馬（みのおありま）電気軌道の梅田（現・大阪梅田／大阪市）～宝塚（兵庫県宝塚市）間の本線と、途中駅の石橋（現・石橋阪大前／大阪府池田市）から分岐して紅葉と滝で有名な箕面（大阪府箕面市）に向かう支線が開通したのは明治四三年（一九一〇）だった。乗客を増やすために沿線の開発が進められ、宝塚本線の池田に分譲住宅地、箕面に動物園、そして宝塚に新温泉が建設された。

箕面有馬電気軌道はその名の通り、当初箕面と宝塚から有馬温泉（兵庫県神戸市）への延伸を目指したが、有馬までは実現しなかった。日帰り客が増えることを危惧した有馬温泉の旅館からの猛反対があったという説と、当時の技術では宝塚～有馬間の

パラダイス水泳場での曲泳ぎのアトラクション。ちょっと寒そうである。

険阻な山間部を越える工事が難しかったからだという説がある。なお箕面有馬電気軌道が阪神急行電鉄（阪急）と改称するのは大正七年（一九一八）、同九年には神戸本線、一〇年には宝塚と神戸本線の西宮北口（兵庫県西宮市）とを結ぶ西宝線（現在の今津北線）が開通している。

宝塚新温泉は駅の南側を西から東に流れる武庫川の左岸に建設された。筆者が入手した当時の絵葉書の写真には、新温泉本館入り口に「宝温泉」という看板が見える。新温泉と呼ぶのは、武庫川右岸に旧来の温泉街があったからである。トルコ風大理石造りの大浴室が設えられ、旧温泉（本温泉とも呼ぶ）とは一線を画していたが、旧温泉がラジウムを含む炭酸泉であったのに対し、新温泉は武庫川の水を沸かしただけのものだったようだ。

大正と改元される直前の明治四五年（一九一二）七月、新温泉敷地内に室内プールをメインとする洋風の娯楽施設「パラダイス」が開場。当時としては画期的だったパラダイス水泳場だったが、屋内で温水設備がなかったために夏でも水が冷たく、また当時は男女が一緒に泳ぐことも禁じられていたために、プールは失敗した。

それでどうしたものかと考えて、思いついたのがプールに板を張って客席とし、一段高い所にあった脱衣場をステージとして劇場にすることだったとされている。ただし劇場が失敗したらすぐにプールに戻すという心積もりもあったようだ。

この屋内プールを改装して造った〈パラダイス劇場〉で、宝塚少女歌劇の第一回公演が上演されたのが大正三年（一九一四）である。

演目が桃太郎を題材に採った『ドンブラコ』だったことはクイズ番組のネタなどにもなっている。新温泉自体が乗客誘致の方便であり、第一回公演が新温泉で客寄せのために開催された《婚礼博覧会》のアトラクションだったことから、観劇料はタダ。早い話が湯治気分で気軽に観られる余興だったのだ。宝塚少女歌劇の前身は三越百貨店の「少年音楽隊」をヒントに第一回公演の前年、大正二年（一九一三）七月に結成された「宝塚唱歌隊」だったが、歌劇の上演を目指してその年の一二月に「宝塚少女歌劇養成会」と改称されたことが、宝塚一〇〇年のいでき始めとなった。

「歌劇」という月刊誌がある。歌劇と言えば世間一般にはオペラのことだが、ここで言う歌劇とは取りも直さず宝塚歌劇のことである。タカラヅカのPR誌として、「歌劇」は劇場内のショップのみならず、阪急駅構内の売店や一般の書店でも販売されている。創刊は大正七年（一九一八）八月で、昭和一五年（一九四〇）から戦時中は休刊を余儀なくされたが、昭和二一年（一九四六）に復刊し、平成二一年（二〇〇九）一月号で通算一〇〇〇号を達成、令和の今日にまで至っている。

「歌劇」を創刊したのは小林一三（いちぞう）（一八七三〜一九五七）だった。

小林は阪急東宝グループ（現・阪急阪神東宝グループ）の創始者であり、宝塚歌劇の生みの親であり、創生期の宝塚音楽歌劇学校の校長である。小林の業績はあまりにも多岐にわたるため、とてもここにすべてを記すことはできない。池田の分譲地も、箕面の動物園も、宝塚の新温泉も、小林の偉業のほんの一部である。もともと文学青年で、慶應義塾在学中に新聞に小説を連載していたこともある小林にとって、「歌劇」は忙中閑の道楽という一面もあったようだ。

大正9年3月号（上）と大正10年6月号の「歌劇」。イラストはいずれも当時宝塚に籍を置いていた森田久（ひさし）によるもの。

現在池田文庫では、雄松堂出版刊の復刻版（一九九七～一九九九）を含めて、大正七年（一九一八）八月発行の創刊号から令和の最新号まで「歌劇」の全号を読むことができる。旧漢字・旧仮名遣いはともかく、当て字や見たこともない異体字が並ぶ。それに加えて頻出する誤植、もって回った言い回しもあり、とにもかくにも創生期の「歌劇」は読みづらいこと甚だしいのだが、それでもじっくりと丹念に読んでいると、この時代——大正という時代の文化や生活が細微に至るまで色鮮やかに蘇ってくる。

ここでちょっと日本におけるオペラの歴史について簡単にさらっておこう。

明治四四年（一九一一）に東京に帝国劇場が開場、歌劇部が開設され、のちに日本初の国際的歌手となるソプラノ歌手の三浦環（一八八四～一九四六／当時は柴田環）らによるマスカーニの『カヴァレリア・ルスティカーナ』が部分上演された。

イタリア出身のジョヴァンニ・ヴィットリーオ・ローシー（一八六七〜一九四〇）を指導者として招聘。『天国と地獄』『セヴィリアの理髪師』『ボッカチオ』『魔笛』『椿姫』などを上演したが、評判はいま一つで経済的にも破綻し、帝劇歌劇部は創設からわずか三年で解散してしまう。

ローシーは私財を投げ打って、赤坂にローヤル館という歌劇場を開設。団員にはバリトン歌手の清水金太郎（一八八九〜一九三二）、ソプラノ歌手の原信子（一八九三〜一九七九）ら帝劇オペラ出身者をはじめ、テノール歌手の田谷力三（一八九九〜一九八八）もここからデビューしたが、こちらも興行的に立ち行かず、大正七年（一九一八）ローシーは失意のうちに日本を去った。

その帝劇出身者やローヤル館の参加者が立ち上げたのが、今も語り継がれる「浅草オペラ」（一九一七〜一九二三）である。高尚な芸術を目指し、頑として入場料金を下げなかったローヤル館の反省に立って、浅草オペラは徹底した通俗化と低料金化を図り、若者たちの間に大ブームを巻き起こした。劇場周辺にはオペラに熱中し、女優を追い掛け回す〝ペラゴロ〟が跋扈する。ペラゴロとは、オペラのジゴロの意ともオペラのゴロツキの略とも言われる。

「恋はやさし野辺の花よ」「女心の唄」「コロッケの唄」などのヒット曲も生まれ、西洋音楽の大衆化に大いに貢献したが、数年を待たずに浅草オペラは爛熟を通り越して、次第に頽廃の色を深めていった。

そんな折、大阪に誕生したのが宝塚少女歌劇だった。宝塚は今も当時も兵庫県だが、中央あるいは全国から見れば、大阪みたいなもんである。それはさておき「宝塚」を発見した〝真面目な〟オペラ・ファンたちは、たちどころに少女歌劇に惹かれた。これこそが自分たちが求めていた「芸術」ではないか。しかも団員は純粋無垢な少女ばかりである。そして大正七年（一九一八）五月、宝塚少女歌劇はついに帝国劇場で第一回東京公演を挙行した。「歌劇」の創刊号は、まさにその時機を捉える形で発行されたものだった。

今日宝塚歌劇は「娯楽」であり「文化」であるが、創生期の宝塚少女歌劇は、言わば娯楽以前の「余興」と、文化を超えた「芸術」という相反する二つの側面を持っていたのである。あまり知られていないが、宝塚少女歌劇は大正時代にすでに抜粋・短縮版ながらも『ヘンゼルとグレーテル』『マルタ』『カヴァレリア・ルスティカーナ』『カルメン』『椿姫』など、本場のオペラに次々と挑戦している。

創生期の「歌劇」には、著名人からの寄稿も多かった。創刊号には、「武庫川の夕」と題した与謝野晶子（一八七八〜一九四二）の吟詠三首が掲載されている。

武庫川の板の橋をばぬらすなり河鹿の声も月の光も
夕風は浅瀬の波をしろく吹き山をばおもき墨いろに吹く
風吹けば夜の川波に早がきの文字かく灯かな湯の窓にして

このうち第一首の歌碑が武庫川の右岸、フランスの彫刻家マルタ・パンのデザインによるS字型の宝来橋西側のたもとにある。小林が自宅に与謝野鉄幹・晶子夫妻を招いたこともあったらしい。

寄稿した著名人は坪内逍遥（一八五九〜一九三五）、有島武郎（一八七八〜一九二三）、小山内薫（一八八一〜一九二八）……と枚挙にいとまがない。若き日の今東光（一八九八〜一九七七）、演芸評論家の正岡容（一九〇四～一九五八）も連載を持っていた。珍しいところでは、千里眼事件でオカルト・ファンには有名な超心理学者の福来友吉（一八六九～一九五二）や「おさるのジョージ」シリーズを翻訳した光吉夏弥（一九〇四～一九八九）の名前も見える。

文筆家以外にも洋画家・小出楢重（一八八七～一九三一）の私信や、大正一〇年（一九二一）八月から翌年二月にかけて洋行していた山田耕筰（一八八六～一九六五）が、七年間にわたって書き溜めていたスコアを紛失し現地で演奏会を開けなかったというエピソード、またサン＝サーンス（一八三五～一九二一）の訃報を受けて、晩年のサン＝サーンス邸を訪ね、ピアノの演奏を聴かせてもらったという徳川頼貞（一八九二～一九五四）の手記なども掲載されている。

常連寄稿者の中に青柳有美（一八七三～一九四五）という畸才がいる。本名は猛。ウィキペディアには「ジャーナリスト、随筆家、牧師」とだけあるが、青柳の遍歴を記すだけで評伝が一冊書けるほどである。同志社普通学校を卒業後、女学校で英語と倫理を教え、中学校でも教鞭を執り、新聞記者をやり、主筆も務め、雑誌の編集に携わっていたこともあり、一時はタバコ屋を営んでいたこともあり、電力会社の社員だったこともあり、著書が発禁処分を食らったこともあった。

雑誌「女の世界」の記者として、オペラ歌手・原信子（一八九三～一九七九）の自宅に取材で訪問した際には、隣室で聞いていた原の母が「之まで随分いろいろ沢山の人が訪ねてこられたが、青柳さんのやうに、あんなに能く音楽の事に就て調べて為らっしゃった方は無かった」と驚嘆していたと原自身が述懐している（大正一一年一二月号「『ペッオルド夫人論』を読んで」）。

「歌劇」への寄稿は大正八年（一九一九）四七歳の時からである。現在も続く読者投稿欄の「高声低声」には毎号のように質・量ともに他を圧する原稿を寄せ、生徒のこともズケズケと批評、これに反発する若い投稿者に対しいささかも引き下がることなく遠慮なく論駁(ろんばく)したので、同欄は毎号のように炎上した。

このような罵倒合戦が絶えず、無難な投稿しか採用されない今日からは想像もできないような当時の「高声低声」だったが、熱心な議論の場であったことは間違いない。「高声低声」だけでなく小林校長をはじめ、先生と呼ばれる作・演出家や学校内のスタッフ、外部の有識者からの寄稿、生徒らの手記により、映像では残り得なかった光景、時代の熱気や息遣いが伝わってくる。劇場内部の様子、ファンの気質、スペイン風邪、関東大震災前後の東京や地方都市の風景、少女たちの日常――。

本書では、創生期の「歌劇」の「高声低声」をはじめとする投稿や他の記事から、学術的アプローチではこぼれ落ちてしまうような小ネタを、出来る限りつぶさにすくい取ってみようと思う。そうすることによって、宝塚少女歌劇という現象を超えて、わずか一〇〇年前の明治と昭和に挟まれた大正という時代そのものが見えてくると思うのである。

本文中特に断り書きのない限り、引用は「高声低声」からのものである。書体を変えて記した引用部分は当時の文体の雰囲気を伝えるために、明らかな誤字や誤植を除き、旧仮名遣い・当て字・現代とは異なる送り仮名はそのまま残した。ただし旧漢字や異体字は新漢字に改め、読みやすさを考慮して句読点を整理し、適宜補った。また難読と思われる漢字にはルビを施し、促音、拗音は小文字表記に修正、強調のために原文にはない傍点を付した箇所もある。固有名詞については、現在一般に用いられている表記を採った。

引用の中には現代の感覚ではどうかと思われる表現や内容はあるけれども、当時の空気を映すものとして何卒(なにとぞ)ご理解を賜りたい。

目次

第7章 生徒たちの日常——167

第8章 関東大震災と市村座——193

第9章 大劇場完成――211

第10章 小林一三――231

絵はがき・パンフレット等――著者所蔵
デザイン――三木俊一（文京図案室）
装画――中島梨絵

第1章

パラダイス劇場と公会堂劇場

宝塚パラダイスの外観。当初はこの中に室内プールがあった。

宝塚の前風景

私が最初宝塚を知ったのは幼年時代で、ある年の秋、三田へ茸狩の帰途に立寄った。当時はまだ電車は通じてゐないで、無論新温泉はおろか、現今の彼方河岸の旧温泉があったきりで、温泉宿も隧道式入口の分銅屋があったのみ。幅の狭い木橋が危ぶなげに山峡らしく、今と変らない磧にかかってゐたことを記憶する。

（大正一三年八月号「吾吐譜」寺川信）

「歌劇」に描写された明治末から大正初めにかけての宝塚界隈のスケッチである。筆者の寺川は、「歌劇」の編集を小林から引き継いだ初代編集長。阪急社員で短歌や俳句を嗜む文人だった。「歌劇」の編集担当はその後、演出家として宝塚の礎を築いた堀正旗（一八九五〜一九五三）、のちに「婦人画報」の編集長となり、戦後日劇ミュージックホールのプロデューサーとなった丸尾長顕（一九〇一〜一九八六）へとバトンタッチされ、このエッセイが寄せられた時点では、三代目の丸尾が編集を担っていた。

- 明治三〇年（一八九七）　阪鶴鉄道（現・JR福知山線）の宝塚駅開業
- 明治三二年（一八九九）　阪鶴鉄道の三田駅開業
- 明治四三年（一九一〇）　箕面有馬電気軌道（現・阪急電鉄）の宝塚駅開業
- 明治四四年（一九一一）　宝塚新温泉の開場

宝塚のさらに奥、三田駅（兵庫県三田市）の開業は明治三二年（一八九九）の一月。いっぽう箕面有馬電気軌道の開通は明治四三年（一九一〇）の三月を待たねばならず、寺川少年が汽車に乗ってキノコ狩りに出かけたのは、明治三二年から明治四二年（一九〇九）までの秋ということになろうか。エッセイの内容を少し詳しく見てみよう。

分銅屋は橋を渡って武庫川右岸の旧温泉街にあった料理旅館である。通りの南側の城郭のような石垣の上に木造二階建ての建物があり、旅館内に入るためにはアーチ型の小さなトンネルをくぐる必要があった。昭和五八年（一九八三）まで営業していたようだ。現在同地には新しい石垣が組まれ、公園として整備されているが、一部に分銅屋時代のものと思われる石組みを見ることができる。

幅の狭い木橋というのは蓬萊橋（ほうらいばし）だろう。初代の橋は一本足の橋脚が細い橋桁（げた）を支えていた。明治三六年（一九〇三）発行の『宝塚温泉案内』の口絵写真に既に「宝来橋」の表記が見える。

キノコ狩りの数年後、寺川は新温泉で開催された大阪新報主催の子規十三忌（一九一四）の句会に参加している。宝塚の停留所（電車の駅。当時は汽車は駅、電車は停留所と区別していた）から温泉までの道に人家は一軒もなかった。

その時は、新温泉は現在の浴場だけの建物があって、その横に別棟で小舎がけの舞台附の納涼場が当日の会場になってゐた（略）パラダイスが建ち、室内遊泳場が出来て、其処（そこ）に少女歌劇が開かれるやうになったのは、それから又二、三年後のことである。（同前）

新温泉内ではおみやげ用の絵はがきも売っていた。正岡子規の十三回忌は大正三年（一九一四）であり、この年の四月、室内プールを改築して造ったパラダイス劇場で宝塚少女歌劇第一回公演が開催されているので、「子規十三回忌の二〜三年後にパラダイスや室内遊泳場ができた」という寺川の記憶は正しくない。新温泉の開場は明治四四年（一九一一）五月一日、パラダイスのオープンは翌年明治四五年（一九一二）七月一日である。

> 歌劇が開れる迄に私は一度、私の翻訳のストリンドベルヒ[*1]の「父」を近代劇協会の一部の人々、神林、宇田、日比、岩崎君等が上場するといふので、ある夏の夜に訪ねて来たこともある。その年の末頃に、淡桃色の地に胡蝶の羽根をひろげたやうな、少女の舞姿の写真を印刷されたポスターを街上の軒々で見かけたのである。（同前）

少女歌劇以前に、新劇の近代劇協会が翻訳劇を新温泉で上演していたというエピソードが興味深い。大阪からの入浴客誘致が目的なので、新温泉での余興は「大阪にはないもの」というのが第一条件だった。新温泉開場時には、名古屋から西川石松一門の「名古屋踊り」を招聘して、二週間ほど公演を行ったが（大正一三年一一月号「宝塚ペラゴア読本（五）」青柳有美）、新温泉オープン前の印刷物には大阪南地（いわゆる大阪ミナミ）の「芦辺踊」の告知も掲載されている。活動写真なども上映されていたようだ。

蝶とダルマと桃太郎

大正三年（一九一四）四月一日、室内プールを改造したパラダイス劇場で、宝塚少女歌劇第一回公演開催。演目は歌劇『ドンブラコ』と喜歌劇『浮れ達磨』とダンス『胡蝶』、他に器楽合奏や舞踊が付いた。これに先立ち前年の大正二年（一九一三）七月、「宝塚唱歌隊」第一期生として高峰妙子・雲井浪子ら一六名が、一一月に第二期生として篠原浅茅・瀧川末子ら四名が採用された。

一二月には歌劇の上演を目指し、宝塚唱歌隊は「宝塚少女歌劇養成会」と改称。唱歌隊の指導のため夫人の千恵子と共に招かれていた音楽家の安藤弘が、歌やダンスを習っている少女たちを見た小林から「歌劇がやれるかい？」と打診され、「出来ます。やらせて見ませう」と答えたという（大正一三年一一月号「宝塚ペラゴア読本（五）」青柳有美）。

「歌劇」は大正七年（一九一八）の八月創刊なので、大正三年の第一回公演の模様をリアルタイムで辿ることはできない。しかし創刊号以降の記事や寄稿から、かなり具体的にその前後のことは窺い知ることができる。大正一一年（一九二二）三月号に掲載された「宝塚少女歌劇画史」というイラスト（森田ひさし）に添えられたキャプションを拾ってみよう。

一　大正二年に初めて日本に少女歌劇なるものが宝塚に生れた。読んで字の如しの歌劇といふことから判らなかった時代で、観客なんてものは皆お湯から上っての休み場所位に心得て、寝そべってゐるものあれば、小児の寝かし場にもなって。日本名物の宝塚少女歌劇も、生れた時はこんな有様であった。それでも舞台は一生懸命でやってゐるのが気の毒なほどであった。

そう、あくまでも温泉地の余興なのである。同年四月号の「高声低声」には、「第二歌劇場（＝パラダイス劇場）の畳の後の方で子供達が角力を取ったり、寝ころんだりしてゐた」ともある。椅子のない畳敷きのだだっ広い平場だったこともあろうが、なかなかの光景だ。正面席の床には、縁のない琉球表が敷き詰められていたという話もある。

二　管絃合奏がすむと、うかれだるまといふのが幕しまひになって、ダンダダルサンが踊り出す、こんなコーラスがあって、ダルマサンが踊り出す。何の事はない棚のだるまさんだったが、それが又子供達の人気をよんで、いづれは母さんも尻をすゑて見物する様になった。毎日だるまさんが舞台の上ではね廻った。

次の項の記載と合わせてイラストのキャプションが正しければ、大正三年（一九一四）四月の第一回公演以前に、パラダイス劇場では管弦合奏や演目の一つ『浮れ達磨』が試演されていたことがわかる。『浮れ達磨』は作歌（作詩）が「早春譜」の吉丸一昌、作曲が「七つの子」「青い眼の人形」の本居長世、そして振り付けが七代目松本幸四郎。宝塚のオリジナル作品ではない。敬文館刊の『うかれ達磨』には、明治四五年（一九一二）白木屋百貨店の少女歌劇団による店舗内余興場での試演の写真が掲載されている。

少女たちがダルマを転がして、ダルマの目が向いたほうの者は歌や踊りを披露しなければならないという遊戯〝達磨ころがし〟に興じている。転がした小さなダルマの目が舞台中央の大ダルマに向いたところ、手足がニョキニョキ出てきて踊り出す。生徒の父兄から、少女たちの手足をムキ出しにされては困る、とクレームが付いた。なおキャプション中の「ダンダダルサンが踊り出す」という歌詞は、「だんだんだんだん達磨さんは、だんだん誰を睨む」が正しい。

三　その年の春には婦人子供博覧会が開かれたので、ドンブラコが上演された。之れが又子供達の見物で人気を取った。この時から始めてダークチェンヂ（暗転）が利用されて、鬼が島がそれによって場面の変化を見せた。今から見ると馬鹿らしいやうなものだが、それでも大道具は白鉢巻で舞台の忙しさを感じた。

記念すべき第一回公演のお伽歌劇『ドンブラコ』である。北村季晴作詞・作曲、物語は桃太郎が雉・

子・山拳蔵・真白野猿之助・犬野腕三郎を引き連れて鬼退治に行くというお馴染みのもの。日露戦争（一九〇四～一九〇五）がまだ記憶に新しい頃（一九一二）の作品とは言え、鬼が島でロシア正教の聖歌を思わせるコーラスが聴こえたり、最後に桃太郎が「幸に首尾よく大任を果す事の出来ましたのは、これ偏に御代の恵み（略）帝国万歳！」と言って、全員で「君が代」を斉唱したりするなど、ビックリさせられることも多い。

振り付けはお伽作家の高尾楓蔭の助手として来宝し、宝塚少女歌劇の日本物の礎を創った久松一声（一八七四～一九四三）。久松は『浮れ達磨』の振り付けも担当していた。

『胡蝶』はドイツ出身チェリスト、ハインリヒ・ヴェルクマイスター作曲の歌劇『胡蝶の舞』に基づくダンスだった。作曲は数多くの軍歌や鉄道唱歌を作った目賀田万世吉という記録[*2]もある。振付は高尾楓蔭という記録[*3]と、清水谷高等女学校の中島という女性教師だったという話[*4]もある。

音楽指揮は東京音楽学校卒で前出・安藤と同窓だった高木和夫。のちに大正一二（一九二三）年五月から一年半のヨーロッパ留学を経て、昭和二年（一九二七）日本初のレビュー『モン・パリ』の音楽を担当することになる。この時は一人でピアノを弾き、舞台上で指揮もした。

三のキャプションで《婦人子供博覧会》とあるのは正しくは《婚礼博覧会》、そのアトラクションということで、「結婚マーチ」など少女らによる管弦合奏もあった。ちなみに《婦人博覧会》はこの前年（一九一三）に新温泉パラダイスで、またこれとは別に《山林こども博覧会》という催しが明治四四年（一九一一）に箕面動物園で開催されている。

管弦合奏の時、生徒が胸から模様のある振袖を着ているると、あんな風儀のよくない姿をさせられては、とまた父兄からクレームが入った。筆者は同時代の人間ではないし、着物の流儀も知らないので何が良くないのか皆目わからないが、デザインが派手だったのか、あるいは袖ではなく胸に柄をあしらうこと自体がNGなのか、いずれにせよ一般の良家の娘には相応しからぬ装いだったのだろう。

四　その次は浦島太郎が上演され、始めて（ママ）歌劇団の創作が生れた。パックリパックリツイツイ、怎んな唄が見物の子供達にも記憶にのこって、パックリを見にゆかうよ、なんて子供は母にせがんだ。今の雪野富士子なんかも小さい見物の仲間に入って、パックリパックリツイツイをよくおぼえ込んだものだった。

龍宮へ行く太郎をのせた亀の縄がよく見物にも見えた所などは御愛嬌で、大道具がヨイヨイとばかりにその縄を引たくって有々と舞台裏で引張ってゐるのが見えたが、それでも平気だった。

『浦島太郎』は、『ドンブラコ』の次の夏季公演の演目である。『ドンブラコ』『浮れ達磨』『胡蝶』いずれも既存の歌劇もしくはそのアレンジだったので、『浦島太郎』は初のオリジナル作品ということになる。作・音楽は安藤弘。「パックリパックリツイツイ」というのは、龍宮城の海底ダンスの場で、えび・たい・たこ・ふぐ・ひらめ・さば・とびうお・おこぜ等の踊り子たちが踊る際の合唱に出てくる合いの手のフレーズである。これは現在でもSPレコードの音源を聴くことができるが、確かに印象的なフレーズである。

さて実際に舞台に立っていた少女たちは、どんな風に初日を迎えたのだろうか。

『ドンブラコ』で主役の桃太郎を務めて「男役第一号」と呼ばれ、退団後は声楽講師として後進の指導に当たった高峰妙子（一八九九〜一九八〇）という生徒がいる。

小学校の頃から読み書きや唱歌、とりわけ朗読が得意だった高峰は、女子師範学校に入学するはずだったが、警察官だった父の友人の勧めで宝塚唱歌隊に加わった。歌の先生は安藤千笑（ちえ）。表記は違うが、安藤弘夫人の千恵子のことである。夫・安藤と同じく東京音楽学校出身で、日本初の国際的オペラ歌手・三浦環とは同級だった。千恵子の兄は新温泉の経営に携わっていた。高峰の述懐を辿ってみよう（大正一〇年一一月号「思ひ出のままに」）。

――千笑先生から最初は主にピアノを、そして声楽は女学唱歌やコールブンゲン（ママ）を習った。弘先生が来られてからは、お伽歌劇桃太郎を教わった。「むかしむかしそのむかし爺さまと婆さまがあったとサ」と歌った時は、思わず吹き出してしまった。三か月余りで桃太郎の生い立ちから鬼が島征伐まで殆んど五場もある歌を暗記したが、楽譜がよく読めず苦労した。ピアノもヴァイオリンもセロも鉄琴もやった。

そのうちダンス教師として、清水谷高女の体操教師の中島先生が来られ、いよいよ忙しく死に物狂いで勉強した。夜中に桃太郎の「木遣節（きやりぶし）」を唄って、父を驚かした。兵隊のマネをしてヴァイオリンの弓を折ってしまい、高木先生から大目玉をいただいた。「桃太郎」の時は、宝塚の芸者連が化粧を手伝ってくれた。初舞台は誰も彼も震えるばかりで、何を歌ったやら、無我夢中だった――。

高峰妙子　大正9年『西遊記』の趙雲。

新歌劇場と観客の「お粗末」

こうして産声を上げた宝塚少女歌劇は、《婚礼博覧会》主催者の大阪毎日新聞の紹介記事や、また無料だったということもあり、四月一日の初日から五月末日の千秋楽まで連日満員の賑わいを見せた。が、次の夏季公演「パックリパックリ」の『浦島太郎』から、少女歌劇は早くも不入りに喘ぎ始めることになる。

客が来ないので、毎日開演時間になると、新温泉の小使いさんが大きなベルを提げてガランガランと市中くまなく振って歩いたが見物人は来ない。やむなく事務所から旅館や料理店に電話をして、客を寄こしてくれるよう依頼したり、女中さんでも子供でも何でも構わぬから来てくれと懇願したりした。雨の日は見物人が五〜六人だけということもあった（前出「宝塚ペラゴア読本（五）」）。

舞台の登場人物はたいてい一〇人以下で、伴奏も四〜五人ぐらい、伴奏はピアノとヴァイオリンだけ、時にはピアノだけということもあり、ヴァイオリンは生徒が交代で演奏していた。雨の日などは、「舞台の人と見物人とまるで一緒になって遊んでゐる様」だったという（大正一〇年七月号「思ひ出」紅娘花）。客席の後部では、小さな子供が舞台の生徒たちの振り付けに合わせて、一緒に踊っていたこともあった。

箕面有馬電気軌道の重役会議ではパラダイス劇場廃止案が提出され、小林はポケットマネーを出してでも維持すると啖呵（たんか）を切ったという話もあったが、これについては後年小林自身が廃止論は全く存在しなかった、宣伝のために流した情報ではないか、と全面否定している[*5]。

ともあれ、制作費の削減ということはあったのだろう、この時期の演目には、慶應義塾在学中に故郷の山梨日日新聞に小説を連載していた元・文学青年の小林の筆による作品がズラリと並んでいる。大正四年（一九一五）正月の少女歌劇の公演は小林の『兎の春』のみ、大正六年（一九一七）の夏季公演は五作品中四作品までが小林の作品だった。

そんなガラガラの客席に、第一回公演から欠かさず足を運んでいたのは「西洋洗濯屋の職工」と

「箕面の某真言寺院の僧侶」と「大阪師団の歩兵軍曹」の三人だったと青柳有美（あおやぎゆうび）は記している。その真否はともかく、「高声低声」の常連投稿者を見ても、創生期の宝塚少女歌劇が男性ファンによって支えられていたことは間違いない。

かくも当初は集客に苦労していた少女歌劇だったが、大阪の帝国座や神戸の聚楽館（しゅうらくかん）、須磨の住友別邸での慈善歌劇会や依頼公演を重ねるうちに、次第に知名度を上げていく。興味深いところでは、大正七年（一九一八）六月一八日に大阪・中之島にあった大阪ホテルで、東洋一の製薬会社と謳（うた）われた星製薬の創業者・星一（ほしはじめ）（一八七三～一九五一）の宴会のために『神楽狐（かぐらぎつね）』を上演している。星一はSF作家・星新一（しんいち）（一九二六～一九九七）の実父である。

一日あたりの平均入場人数も、大正三年（一九一四）には一一三一人だったのが、大正四年は一三二九人、大正五年は一五六一人、大正六年一八五三人、大正七年には二一二六人と着実に増えていた（大正八年八月号「再び東京帝国劇場に宝塚少女歌劇を公演するに就て」小林一三）。

そして「まえがき」でも触れたように、大正七年（一九一八）五月ついに帝国劇場で初の東京公演を開催、その帰途には名古屋の御園座（みそのざ）、京都の岡崎公会堂でも公演を行った。「歌劇」が創刊されたのも、この年の八月である。少女歌劇を観るために押し寄せた人々で小さな劇場は穴蔵のように蒸し暑く、汗臭いという状況になってきたため、解体予定だった箕面駅前の公会堂を移築し、大正八年（一九一九）三月新たに開場することになった。

小林は大菊福左衛門（おおきくふくざえもん）のペンネームで新歌劇場、通称〈公会堂劇場〉の開場に当たって、こんな自画自賛の一文を寄せている。

（新築歌劇場は）パラダイスよりは気分が晴々（はればれ）するほど、愉快に、広闊（こうかつ）に、美しいカーテンを前に、何とも言へぬ、歌劇気分にひたされるやうに嬉しく思ひました。

（大正八年四月号「美しい新歌劇場の客席より」）

新しい緞帳は伊東胡蝶園からの寄贈だった。伊東胡蝶園は化粧品のメーカーだが、東京公演の実施に尽力した出版社、玄文社の親会社である。従来のパラダイス劇場に比べてキャパシティが三倍になり、二〇〇〇人を収容できるようになった公会堂劇場だったが、実体としては、

新歌劇場は歌劇に相応しい等云って居るものもあるが、お世辞は止めにせよ。窓障子、鶴亀席等を見よ。下品なる安物芝居・活動小屋に異らぬ。歌劇気分でもあるまい。

（大正八年八月号）

幕間には活動写真館のかき餅売りのように、絵葉書や写真を売りに来た。上演中に売りに来ることもあった。中央の電灯の粗末な装飾が全体を貧乏くさく見せ、広い観客席に電灯は数える程しかついていない。逆に開演しても客席が暗くならず、四方から太陽光が入ってくる。扇風機が五～六台あるにはあったが、あまり役に立っておらず、しかもギーギーとうるさかった。

いっぽう舞台はと言うと、間口が広い割に奥行きが浅く、天井も低かった。舞台にはセリもあったが、薄汚い板張りのむき出しのままで、あまり掃除もなされていなかった。

私は歌劇を見るたびに一番イヤな心持がすることは、舞台の上で綺麗な顔をしてゐる少女達の、足の裏がキタナク、黒くよごれて誠に見苦しいことであります。

（大正八年一一月号）

舞台を清らかにして欲しいのです。少し少女たちが激しく演じると埃がたち、為に前方に居るも

のは困ることがあります。

（大正九年一月号）

『ドンブラコ』以来、久し振りに来宝したという児童文学者の巌谷小波（一八七〇～一九三三）も、「七年前の舞台とは全く場所が変って居る。それで広くはなった様だが、何だかそのお粗末さは、いかにも内容とふさはぬ観がした」（大正一〇年一月号「七年振に来て見て」）と書いている。「お粗末」という言葉が他にも何度か出てきて、それが観客の偽らざる印象だったようである。

劇場もさることながら、観客のマナーもたいがいのもんだった。

歌劇場の中で重箱や折を開いて、傍り憚らず騒ぎ立てる。

（大正八年一一月号）

蜜柑の皮、フライピンス（フライビーンズ?）の袋、折箱、吸殻、落花狼藉、見苦しい、見苦しい。

（大正九年三月号）

湯から出て歌劇場に入ると、一杯の煙草の煙だ。楽屋の方から盛に青い燈火が歌劇場にみなぎって、煙の中に観客が出もやらず行きもやらずしてゐる。

（大正一〇年五月号）

二階の人は成るべく下へ物を落したりすることを止めていただきたい。ひどいのに成ると、ミカンの皮や袋のしがみ粕を下へすてる人があります。

（同前）

「成るべく」ではなくて「絶対に」だろ!!　三番目の苦情により、場内にはタバコの煙がモヤモヤ立ち込めていたらしいことがわかる。禁煙の表示もあるにはあったが、当時の寄席や芝居小屋ではこれが普通の光景だったのかもしれない。一階正面席での喫煙飲食など不行儀は、さすがに演りにくいと生徒たちもこぼしていたようだ。

余興場と大理石の浴場

劇場を出て、パラダイスの余興場のほうに目を転じてみよう。「高声低声」に投稿された、新婚男性が新妻を伴って新温泉を訪れた時のレポートから要約してみよう。

――浴場のボーイは親切だが、改札口のボーイは不親切。家族券一円二〇銭。場内には理髪店、写真屋、婦人髪結、売店。廊下の途中のガラスの中に石膏の女神像があって、一銭銅貨を入れると香水が一、二滴出る。金鶴香水の広告。不愉快。二十四五歳の若い女が男湯を出歯亀（のぞき見）している。食堂でカレーを注文したが、ウエイターが不愛想。監督者風の美男子は丁寧だった。男子禁制の婦人室あり。無料休憩所で熱いコーヒーと菓子をパクった。ここのウエイトレスは愛嬌がある。劇場には袴穿きの新米給仕。二階席は人いきれと雑騒でふらふらした――（大正一〇年七月号）。

ここで出てくる「金鶴香水」は、現在のマンダムのルーツとなるブランドである。パラダイス劇場が〈第二歌劇場〉として再開した際には、特別席で香水のサンプル付きプログラムが配布されたこともあった。金鶴香水は新温泉のスポンサーだったのである。大正八年（一九一九）に開催された《音楽博覧会》では、「金ツル香水のピアノ演奏大人形」が展示されていた。いったいどんな大人形だったのだろう。

ここで新婚氏が金鶴香水の広告を不愉快と言っているのが解しがたいところだが、どうやら当時広告に象徴されるようなコマーシャリズムを〝営利主義〟と蔑み、これを潔しとしない気風があったようなのだ。

大正一〇年（一九二一）五月号より以前の「歌劇」には広告ページがなく、東京の一高生が「一ページの広告すらも取らない堂々たる阪急の「歌劇」、流石に上品なものと敬服してゐる」（大正一〇年四月号）とわざわざ投稿しており、「宝塚のプログラムがコンマーシャリズムの渦中に陥りつつある事（略）

大正7年パラダイス劇場春季公演のもの。裏表紙に「金鶴香水」の広告が掲載されている。

此れを痛切に感じ憂慮するのである」という声もあった（大正一二年七月号）。娯楽・文化を安価で提供できるのはスポンサーのお陰であり、了見違いも甚だしい。

それはそれとして新温泉の場内には無料休憩所、囲碁室、図書室があり、オルガンの練習や卓球を楽しむこともできた。廊下は畳敷きで、昔のヘルスセンター、今のスーパー銭湯の原型とも言えるかもしれない。〈運勢吉凶の函〉（おみくじみたいなもの?）は、しばしば故障して硬貨を入れても何も出てこなかった。

余興場の隣には、サルやヤギやウサギや小鳥がいる小さな動物園があって、貸馬場には黒毛の馬もいた。外に出ると何処からかピアノの音が聴こえてきて、渡るとつるつる滑る丸い反り橋もあった。これはレビュー『パリゼット』（昭和五年）の主題歌の一つで、今日も歌い継がれている「おお宝塚」の歌詞の中に「長い廊下」と共に出てくる「朱塗りの反り橋」のことだろう。

東洋一を謳っていた大理石の浴場内の様子も窺ってみよう。創刊第二号および第三号の巻頭に、女流歌人の矢澤孝子（一八七七〜一九五六）と高安やす子（一八八三〜一九六九）の歌がそれぞれ掲載されている。

おぼろかに湯気のこもらひいつくしきひろき湯ぶねに身をひたしけり
美し（くは）少女（をとめ）くもゐしのはら化粧（けはひ）すとけはひおとすと入る温泉（いでゆ）かも
（大正七年一一月号「広きゆぶね」）

いつとなく湯気のかく絵をながめ居ぬうっとりとして湯ぶねの中に
大理石（ナメイシ）の温泉（イデユ）の中に浪子はもギリシヤの女（ヒト）に似したちすがた
（大正八年一月号「湯気のかく絵」）

矢澤の二首目「くもゐしのはら」は、創生期の伝説的花形スターである雲井浪子と篠原浅茅のことである。高安は雲井浪子の立ち姿がギリシャ女性を思わせると詠んでいるが、一緒に入浴する機会があったのか、それとも想像の中での吟詠（ぎんえい）なのか。湯上がりの篠原が、武庫川に面した納涼台で男性ファンに目撃されたこともあった（大正一〇年八月号）。

これに対し、男性来場客の投稿はもっと現実的である。

浴場大理石にて張れるは美なるも、この石は酸化炭素を含める空気にさらされたる普通の水に浸され、殊（こと）に塩酸泉に浸さるる事易（やす）く、御覧の通り凹凸甚だしく、足さわり、はだの気持悪し。修繕の時は、他の石を用ひる事としては如何。
（大正一〇年六月号）

宝塚新温泉浴場と回数入浴券。浴場の壁には「遊泳すべからず」「放尿すべからず」などの注意書きが見える。

男子浴場には〝土耳古風呂(トルコ)〟もあった。サウナのことだろう。絵葉書の写真では確認できないのだが、昭和に入ってからの〈新温泉案内図〉には浴槽に隣接して「トルコフロ」の文字が認められ、女子浴場にはその代わりに「中将湯」がある。中将湯は津村順天堂*6（現・ツムラ）の婦人薬のブランド名だが、新温泉の女子浴場のそれは薬湯のようなものだろうか。

浴場の壁には、ライオンの頭のレリーフの下に「浴槽内にて遊泳すべからず」「浴室内にて放尿すべからず」とあった。要するに、こういう注意書きが必要だったということだろう。

この話題が出たところで、場内のトイレについて。庭園の便所が汚い。男子用小便器が少ない。歌劇場内の便所は男性用も女性用もカギがない。あっても壊れている。便所用の履き物が欲しいなどの声が投稿されている。当時歌劇場内には履き物を脱いで上がっていたのである。トイレに関する苦情の一方で、こんな要望もあった。

第二歌劇場（パラダイス劇場）の特別席の後方に坐ってゐると、便所の臭気と共に、道路の直ぐ傍にある塵埃捨場から、そよ吹く風につれて、いやなにほひが鼻を刺すやうに襲ふて来るので、不愉快で仕方がありません。（略）も少し遠方に移転させて頂くわけには行きませんか。

（大正一一年九月号）

諸設備だけでなく、場内係の〝ボーイ〟たちも悪評紛々だった。

吾輩が宝塚の新温泉に行く度毎にグット癪に障るのは、歌劇場付きのボーイの態度だ。

（大正九年八月号）

二度来て二度共癪の虫が不満に思ったのは、若いボーイの恐ろしく傲慢な態度だった。

（大正一一年五月号）

営業者に毒づきたいのは、場内の小僧達の客に対する傲慢な言動である。

（同・一月号）

彼らの多くは一四、五歳の少年だったようだ。反抗期真っ盛りの少年たちをどういう基準で採用していたのかわからないが、常連客に「又来やがった」というような目付きでガンを飛ばしたりするのはまだマシなほうで、万が一座席のブロック（無料の一階席のことだろう）を間違えようもんなら、肩を指先でこついて来て、

「貴方場所は此処ですか」と尋ねたから、「さうだ」と答へた処が、「券をお見せ下さい」といふので渡した。「確りして下さい。違ふぢゃありませんか、最う一つ前の箱です」といきなり皮肉な怒鳴り方だ。「ははんそんな筈が無が」と他の二人の同輩と思案してゐると、「早くして下さい、お客さんが待って居られます、早く早く」と私等が止むなく立ちかけてゐるのに、肩の辺の着物を捕へて攫み出さうとした。ボーイがこう迄客を虐待する権利が何処にある。

（大正九年六月号）

何だか漱石の『坊っちゃん』を読んでるみたいな文体である。席を間違えたために巡査が罪人を調べるような態度で退却を命じられた親子連れの観客もいた。予約券売り場のボーイの二〜三人が特に「性質が獰猛」で、そのうち一人は前田君という名前まで誌上で晒されている。「偉大なる体軀の所有者」である寺澤君というボーイもいた。一応名札は付けていたようだ。

混雑と混乱は続く

少女歌劇の人気、新温泉の盛況ぶりに比して、諸設備やサービスはかくも未完成・未成熟なものだった。しかしそれでも人々は宝塚に押し掛けたのである。お客はもはや「西洋洗濯屋の職工」や「箕面の真言寺院の僧侶」や「大阪師団の歩兵軍曹」だけではなかった。そして箕面から公会堂劇場が移築され、キャパシティが三倍になっても殺人的混雑は続いていた。

もちろん小林も手をこまねいて見ていたわけではない。大正九年（一九二〇）一〇月、畳敷きだった一階正面の平場を椅子席に改造し、それまで両サイドの椅子席の二〇銭以外は無料だったのを、椅子席も予約料として三〇銭を取るようにした。しかし二階席はこれまで通り無料であり、しかも明確な定員数を設けていなかったために、時として危険ですらあった。とりわけ大正一〇年（一九二一）正月

公演の二階席は混雑がひどく、

彼方此方に子供や女子又は青年などまでが泣いて居る。
（大正一〇年三月号）

僕の行った四日の日には二階で苦しがって、人殺しッなんて云った人もあり。それが為一時総立になった様でした。歌劇を見に来て人殺しでもありますまい。
（同・四月号）

青年までが泣いているというのはどんな状況だろうか。柵が倒れて悲鳴を上げる人、折り重なって倒れる人……第二号で「くもゐしのはら」と詠んだ矢澤孝子まで、わざわざこんな歌を寄せている。

日曜にあらぬ日をえり来つれどもなほこのひとはと驚くわれは
（同・一月号）

チケット売り場でも、

場席の切符を買ふのにまるで命懸けだ。「君、松の十二番、竹の八番」なんて勝手な所選び中に「竹の八番は俺だい」なんていってゐるのがあるかと思ふと、女連は五色の声を出すと云ふ有様
（大正一〇年一月号・イラストのキャプション）

そんな状態だから、特別席の予約券を買おうにも、とうに売り切れている。

「もうちょっともおまへんね、第二回目にしとくなはれ。それやったらありまっさ」

（大正一〇年七月号）

「お母さん早く見せとくれよ」「どうかなりまへんやろか。三十銭が五十銭でもかまへしまへんよって。それもたった一幕でよろしうます。子供だけに見せてやり度いと思ひます。それに遠く岸和田から来てまんネ」

（大正一〇年三月号・イラストの台詞）

なお岸和田～宝塚間は、現在なら南海電車～大阪メトロ御堂筋線～阪急電車利用で一時間半ぐらいだが、それでも決して近いとは言えない。なお御堂筋線が阪急電車のターミナル梅田駅と南海電車のターミナル難波駅を繋ぐのは昭和一〇年（一九三五）である。

組のはじまり

こうした度を越えた混雑を緩和するために、小林は大正一〇年（一九二一）の春季公演より〈二部制〉を実施することにした。すなわち〈一部〉は公会堂劇場で従来の少女歌劇のうち子供向けのお伽歌劇を除くものを、〈二部〉はパラダイス劇場改め第二歌劇場でもっぱら子供向けのお伽歌劇を上演するというものである。なお二部に分けたことは混雑緩和以外に、少女歌劇に高度で芸術的なものを求める声と、従来のお伽気分のものを望む声とのせめぎ合いが起こり、それを解消するという目的もあった。これについては次章で詳述する。

二部制の実施に当たっては、公会堂劇場開場以降は木馬や鉄棒のある屋内運動場として用いられていたパラダイス劇場に「薄ッペラな板を釘でカンカンと打ちつけて」「生々しいペンキを塗りつけて」「大普請」した（大正一〇年四月号）。新調された緞帳の柄は濃い緑色に三色スミレが浮いていて、蝶々が五～六匹飛んでいるというもので、公会堂劇場と同じく、伊東胡蝶園の寄贈だった。

これと同時に武庫川沿いに眺めの良い、以前の五〜六倍の広さのある食堂も新築された。メニューはロールキャベツ、ライスカレー、カツレツなど洋食の他、以前はなかった寿司も加わった。コーヒーやソーダ水、サイダーなどの飲み物や、夏場にはスイカやかき氷もあった。食堂では若いスタッフが安い林ライスを食しながら「気焔万丈（きえんばんじょう）」して作劇論を「歓談漫語（まんご）」することもあった。昔の人は難しい四字熟語をよく知っている。

但（ただ）しサービスは劇場同様よろしからず、一時間も二時間も待たされることもあれば、ライスはゴツゴツした南京米（インディカ米）で、コーヒーはぬるくて何首烏湯（かしゅうとう）（漢方のツルドクダミのスープ）のよう、「ソースも醤油とソースを混合したようなもの」で、辛くて不味（まず）くてどうしようもなかった。そしてウエイトレスの態度も、「ブッチョーヅラの不親切」なボーイに負けず劣らず酷かった。

> 給仕女もう少し真面目に、ふざけたりベチャベチャしないで下さい。（宝塚の名声が）まるであなた方自身の光からでもあるやうに見える振舞（ふるまい）はおよしなさい。みっともない。（大正一一年一月号）

ともあれ突貫工事でパラダイス劇場を〈第二歌劇場〉として復活させたものの、「結果によって、パラダイスは夏期は再び水浴場にするやら、或（あるい）は又、夏期もお伽歌劇を続行するやら、これ等（ら）のことは皆サンの御希望を尊重して決定したいと思ひます」（大正一〇年三月号「一部二部の区別」）と、第二歌劇場の存続については、小林はしばらく様子見の体（てい）を取っていた。

実際プール復活を望む声も少なからずあった。同号「高声低声」には「我関西に於ける室内水泳場の模範たるパラダイスを夏季に於（おい）ても占領するとあれば、我輩心大に安からず、又夏季は用ひずとあれば、先（ま）づ安堵」、四月号にも「パラダイスは七八月は水泳場になる事もよいと思ひます」「春は仕方がありませんが、夏は矢張り水泳場に」という投稿が掲載されている。

結局のところ、「夏期公演にも水浴場をやめて、公演することにきまりました」ということで決着するのだが（大正一〇年六月「帝劇公演芸題の撰択と二部制度実行の結果に就て」小林一三）、では果たしてプールが再開される可能性はあったのだろうか。現に公演が大正八年（一九一九）に公会堂劇場に移った後、旧パラダイス劇場は夏場再びプールとして使用されたこともあったらしく、人気生徒・高砂松子が、室内プールで泳ぎ回っていた姿を目撃されている（大正九年八月号「忘れ得ぬ人々」緋紗子／堀正旗のペンネーム）。

室内プールとして用いられていた頃のパラダイス内部の写真を見ると、客席となる部分は確かにプールなのだが、脱衣場として使用されていた一段高い前方部には、舞台の外枠に見るような額（プロセニアム・アーチ）があり、全体的には昔の学校の講堂のような内観である。一般にはパラダイス劇場は、プールが失敗したので劇場にしたという話になっているが、阪急文化財団の理事・館長だった伊井春樹氏が指摘されるように、実は最初から劇場として造られたと見るべきであろう*7。

こうして大正一〇年（一九二一）春季公演および夏季公演は、公会堂劇場で〈一部〉の生徒が少女歌劇、第二歌劇場で〈二部〉の生徒がお伽歌劇を上演することとなったが、残念ながら混雑緩和という点においては、ほとんど功を奏さなかった。理由は簡単、大半の観客が〈二部〉ではなく、〈一部〉のほうに流れたからである。〈一部〉の昼公演が満員で〈二部〉に行った客も、〈一部〉の夜公演が始まると、〈二部〉の公演途中であってもバタバタと〈一部〉のほうに走り、〝長廊下にてマラソン競争〟とイラスト付きで揶揄されている。

失敗を見て取った小林は直ちに内容で分ける二部制は止め、ただし秋の公演から一部を〈花組〉、二部を〈月組〉と改称した。今日の花・月・雪・星・宙の五組に繋がる組制度の始まりである。この時期、不景気や悪天候のため一時的に来場者が減ったこともあったが、九月に宝塚と神戸本線の西宮北口とを結ぶ西宝線（現在の今津北線）が開通し、阪神間からの来宝が便利になったこともあって、再び殺人的混雑が始まった。

ギッシリ爪も立たん程詰った（二階普通席の）人垣の中へ頭を突き込みますと、稲妻の様に舞台面がチラリとしました、と思った一瞬、反動は私を階下へハネ飛ばしました。

（大正一一年一月号・「公演批評」）

普通席がこみ合って、特別席にはいっても、階上で床鳴りがしたり、押されて婦女子が泣き叫んだりして、生徒諸君の独唱台詞も少しも耳にはいりません。

（同号・「高声低声」）

身動きも出来ない鮓詰めの列はなかなか進まぬ、押されて廊下のドアーからころげ落ちる、肘で硝子は割れる

（同）

危険である。甚だしきは、まず先に二階席に駆け上がって、三間（＝約五メートル半）はあろうかと思われる階下の一階席に飛び降りる者さえいた。それも一人や二人ではなかった。

混雑は歌劇場内に収まらない。二部制開始の頃には満員の電車が途中で立ち往生したこともあった。梅田・宝塚の両停留所には婦人専用乗り場が設置されていたが、梅田停留所の小さな三角形の宝塚線ホームは押し合いへし合い、客が乗り切らぬうちに発車することもあった。あまりの混雑に「梅田から神戸線〜西宝線経由の宝塚行き電車を走らせてはどうか」という提案もあった。

いっぽう夏季の公演は相変わらず暑かった。当事者の小林ですら、池田畑雄のペンネームで半ばボヤキながら意見している。

光線を使ふ必要上、観客席の前後左右に黒幕を垂れて、左なきだに炎暑に苦しむ観客を更にせいろ蒸しのやうに苦しめやうとするのは、不心得の甚だしきものである。（略）夏は涼しいもの、観客席も開け放しで見られるものといふ方針を立て、然る上に其の出しものを選択する昔の方針が恋しい。

（大正一一年八月号「頓珍閑話」）

日本の夏は暑いものだ。兼好法師も「家の作りやうは夏を旨とすべし」と書いている。だが扇風機しかない時代に、照明効果のために暗幕を張ったのを「不心得」と言うのは、ない物ねだりだと思う。「正面椅子席後方の戸が何度も開閉されると、外光が入ってきて気分が害される」（大正一〇年四月号）。小林自身もそれはわかっているのだが、畳敷きの客席に赤ん坊を寝かせたり、子供が相撲を取っていたりしたパラダイス劇場の昔に帰ることは出来ないのだ。

客席のマナーも相変わらずだった。特に団体客が予約席の大半を占める時などは、「独唱中に赤子が泣き出したり、音楽に無趣味な老人や無教育な女が大きな声で話をしたり、幹事が開演中に何度も何度も右往左往」することもあった（大正一一年一一月号）。

相変わらずチケット難も続いていた。「日曜祭日の指定席難は到底近頃喧かましい住宅難以上」（大正一一年六月号）、郵便や電話による予約も始まり、公会堂劇場内を撮った写真には「階下特別席は予約前日までに宝塚新温泉（電話二十一番）あて」の表示が見えるが、

座席予約を封書で申し込むと紛失する。そして電話で申込めと係の方は云はれる。仰せかしこみ大阪から電話で申込んで、当日来て見ると「聞いてない」と仰せらる。

（大正一〇年四月号）

電話でチャンと予約席を申し込んでおいて、いざ行って見ると、「そんなものは何も聞いてはをら

ん」と剣（ママ）もほろろの挨拶。

（大正一〇年七月号）

そもそも当時は大半の家庭はまだ自宅に電話がなかった。

人口の少ない、遠い須磨（現・神戸市須磨区）くんだりからだと、宝塚へかけるのに少なくとも三時間はかかる。さうして自働電話は大抵そんな遠方にはかからないのが多い。又殊に長距離でかかっても、退屈な思ひをしながら、二三時間も狭い所に立って居なければなりません。

（大正一一年六月号）

自働電話とは、現在はほとんど見掛けなくなった公衆電話のことである。自働とは言っても、実際には交換手を呼び出して相手に繋いでもらうという仕組みだったが、繋がるのに三時間も要したり、掛からなかったりするというのは、距離はまだしも、人口の多寡はあまり関係ないような気もする。都市部と違って須磨はまだ通信インフラが脆弱だったということだろうか。

ということもあって、往復はがきでチケットの予約証を返信してくれる郵便予約は非常に有難かったのだが、「此度書信で予約席を申込めば、今後一切受付ないことになった」（大正一一年一月号）。郵便予約を止めてしまった理由は詳らかではないけれども、どうやら件数が多過ぎてサバき切れなくなったようだ。座席の予約ではないが、

一年分も先払ひしてあるにもかかはらず、先月から始まってゐるはづの脚本が今月の雑誌（「歌劇」）といっしょに来るとは何といふ不都合ではありませんか。これからはちゃんと五日までに送っ

て下さい。もし来なかったら、きっと復讐をします。（同・六月号）

復讐とは穏やかではない。だが、

郵便による予約申込はお断りと云っておいて、金を同封して送ったのに、席は取ってないし、その金も返して呉れぬ。（同・六月号）

これはさすがに送ったほうが悪い。

しかしそんな風にドタバタしながらも、場内の環境は少しずつ改善されていった。これは歌劇場の舞台にヤジを飛ばしたり、予約券も持たずに特別席に潜り込んだりする不良少年を徹底的に取り締まり、同時期にボーイたちの教育にも本腰を入れ始めたことが大きいと思われる。

何時も何時も誌上でやかましく言はれて居る、不親切とかいばるとか言ふ事が、或一人のボーイさんはそのレコード破りをして、ほんとうに親切に誰に対してもやさしく、何をたづねても教へ、又案内の時でも丁寧にもてなし、何かと気をつけて「プログラムはお持ちですか？」とか、役目をきちきち果されて居りました。それが誰にでも影日向なくでありましたので、ほんとうに見て居ても気持ようございました。他のボーイさん達も皆々この様に習って、記録破りをしてほしいと存じます。（同・九月号）

こうして新温泉の公会堂劇場は、創生期の混沌としたエネルギーの中で、大正一二年（一九二三）一月二二日未明パラダイス劇場と共に火事で焼け落ちるまで、いくつもの話題作・失敗作・問題作を生み出していく。この章の最後に前出・新婚氏のレポートの結びを挙げよう。

場外に出ると、太陽は未だ高かった。私は訣(わか)れに臨んで偉大なる新温泉の建物に帽を二三度振り、敬意を表し無言のまま終点に行った。

＊1　ヨハン・アウグスト・ストリンドベリ（一八四九～一九一二）。スウェーデンの劇作家。芥川龍之介の『河童』では〝生活教〟の聖徒として、ニーチェ、トルストイ、国木田独歩、ワーグナー、ゴーギャンらと共に半身像がに厨子の中に収められている。
＊2　『宝塚歌劇五十年史　別冊』　宝塚歌劇団、一九六四年
＊3　『宝塚歌劇の70年』　宝塚歌劇団、一九八四年
＊4　楳茂都陸平「宝塚ダンスの横顔」「歌劇」昭和六年二月号
＊5　『宝塚歌劇から東宝へ　小林一三のアミューズメントセンター構想』　ぺりかん社、二〇一九年
＊6　「歌劇」に中将湯の広告が掲載されている（大正一三年五月号初出）。定価＝二〇銭・四〇銭・一円・二円・三円・五円・一〇円、主効＝子宮病・血の道・こしけ・腰足冷込み・ヒステリー・逆上頭痛・月経異常・下腹痛み・不眠症・産前産後・悪阻(おそ)（他に眩暈(めまい)など）。
＊7　『宝塚歌劇から東宝へ　小林一三のアミューズメントセンター構想』　ぺりかん社、二〇一九年

第2章

組の誕生とファンさまざま

大正9年正月公演『文福茶釜』。右から高砂松子、天津乙女、瀧川末子。
（狸の茶釜に扮する天津の〝前足〟に注目）

浅草オペラの爛熟と衰退

前章では、凄まじい混雑緩和のため生徒を二組に分け、〈公会堂劇場〉と旧パラダイス劇場あらため〈第二歌劇場〉の二つの劇場を稼働させるという二部制を敷いたことについて述べた。

しかし二部制実施の背景には、劇場のキャパシティというハードの問題だけではなく、ファンが創設以来の少女歌劇のあり方に飽き足らなくなってきたというソフト上の課題もあった。すなわち少女歌劇に高度で芸術的なものを求める〈現状打破派〉と、少女歌劇はどこまで行っても少女歌劇なのだから、従来のままでいいのではないかという〈現状維持派〉との二極分化である。確かにお客は入っている。だがこのままでは少女歌劇は早晩行き詰まってしまうだろう。いや既に行き詰まっている、という声も少なくなかった。ここに至るまでの流れをソフトの観点から追ってみよう。

「まえがき」でも触れたように、宝塚の少女歌劇がこれほどの人気を博した前段階として、オペラのブームがあり、とりわけ今も歴史に名を遺す浅草オペラ（一九一七〜一九二三）の存在が大きかった。帝国劇場ついで帝劇歌劇部の指導者だったローシーが私財を投じて開場したローヤル館（一九一六〜一九一八）が、本格的なオペラを目指しながら、いずれも経済的に破綻したのに対し、浅草オペラは四〇銭という低料金で、〝ハシリ物好き〟の若者たちの心をたちまちのうちに摑んだ。なお参考までに、大正一三年（一九二四）当時の宝塚新温泉食堂のライスカレーの値段が三〇銭である。

いっぽうローヤル館はと言うと、五円という値付けで一晩に七人くらいの客しか入らず、二円五〇銭に値下げしたものの入場者はやはり七〜八人、少ない時はたった二〜三人ということもあった。周囲は「一円に下げろ」と忠告したが、ローシーは頑として聞き入れず、「自分のアートは其れほどまでに安いもので無い。（略）自分が日本を去った後に、自分のアートが浅草のものと違ふことが、日本の人にも解るやうに成るだらう」と言い残し、日本を後にした。（大正一三年一月号「殿様の如き歌右衛門の態

大正4年秋季公演『日本武尊』（小林一三作／安藤弘作曲）の舞台面。
実際の上演風景ではなく、活人画として撮影したものと思われる。

度」青柳有美）

帝劇もローヤル館も高価であっただけでなく、日本人キャストによる洋物には痛々しさを感じる者もいたようだ。

> 極端に然(し)かも不調和な日本人の演(え)んじる洋式歌劇に、私共はあきたらなく不満であったのです。あのまつげの西洋人臭やら、目のくまどりの滑稽なつくりに、私共はなんとも云へない哀愁をおぼえたものでした。そふして背のひくい日本の女が不調和なダンスをやって居るのを見ると、私共は涙がこぼれる様に思へたものでした。
> （大正一〇年五月号「邪劇の話」孔雀小路ゆめ彦）

そんな時、この寄稿者の孔雀小路は「純日本式を標榜する宝塚少女歌劇」に出会う。「どんなにか私共を歓喜せしめた事でせふ」と孔雀小路は続ける。彼が観たのは『因幡兎(いなばのうさぎ)（正しくは兎の春）』『日本武尊(やまとたけるのみこと)』『雛祭』『三人猟師』『七夕祭（正しくは七夕踊り）』『お蚕祭(かいこまつり)』など、大正四年（一九一五）から七年（一九一八）にかけての作品で、いずれも公会堂劇場以前のパラダイス劇場での公演だった。

　ともあれローシーが去った後、浅草オペラは全盛期を迎える。何人ものスター歌手が生まれ、浅草発のヒットソングの中には、今でもＣＭで使われているスッペの喜歌劇『ボッカチオ』の「恋はやさし野辺の花よ」などもあった。〝ペラゴロ〟と呼ばれる熱狂的なファンの中には谷崎潤一郎（一八八六～一九六五）、川端康成（一八九九～一九七二）、サトウハチロー（一九〇三～一九七三）の姿もあった。しかし谷崎はともかく、サトウはまだほとんど少年ではないか。不良少年である。だが浅草オペラの爛熟と頽廃はあっという間に訪れた。

「今日歌劇と云へば、浅草辺の新興私娼連によりて其の名を冒瀆され、真面目なる階級に指弾されてゐるといふ情なき現状」（大正八年八月号「独唱？　合唱？　帝劇公演評」）で、「我が国の歌劇団は（略）下卑た所謂お芝居以下の俳優女優のつまらぬ奴の集り」（大正一〇年八月号）であり、「浅草のオペラシンガーの中、楽譜を満足に読めるものは殆ど皆無と云って差支へなく（略）大概はカフェーとかバーとかの無学で無智なアバズレ者が昇華したもので（略）人間とか女とかいふ範囲を超越して宛然化物のやう」（大正一二年七月号）とまで書かれる始末であった。

　帝劇歌劇部の出身で浅草オペラの一時代を築き、その後海外で活躍したソプラノ歌手の原信子の公演でさえ、「生々しい俗悪の表情。バラバラの音楽。怪奇で不自然の動作。目茶苦茶な独唱。統一から来るスヰートの感覚などは何処にも現はれて居りませんでした」と批判された。それに引き替え宝塚の少女歌劇には、「タドタドしいが、調和がある、（北原）白秋のソンネット（短詩）を読んだ時感ずるやうな、キメ細かい、ほのかに優しい、まるで牧歌でも聞くやうなスヰートの感覚」があるというのである（大正八年四月号「土耳古椅子での会話」矢澤孝子）。

　いっぽう観客も観客だった。

金龍館へも行って見たが、観衆の低級なる事、言語に絶すと言ふ次第である。例へば木村時子が登場するとする。と忽ち「木村ッ」とか「時ちゃんだ」なんて頭のテッペンから変手古な声を張り上げる者が此処彼処にウヂャウヂャしてゐる。（略）カルメン*1をやった時なんかは、音楽が鳴り初るや皆々口笛で其れに就いてピーピー真似をするんだから、是れ亦たまらない（略）とてもとても金龍館では、充分なる歌劇気分を味ふ事は不可能である。

（大正一一年六月号）

金龍館は浅草で最後の光芒を放っていた歌劇場、木村時子（一八九六〜一九六二）もまた帝国劇場歌劇部出身の人気歌手だった。

少女歌劇に求められたもの

小林一三に顧問として迎えられた坪内士行は「劇団の生命」（大正九年六月号）で、浅草オペラの衰退の理由を三つ挙げている。整理して記すと、

① 日本人が本当に西洋音楽を理解して歌劇を歓迎しているわけではない。歌劇も浪曲も流行歌もゴッチャに弄んでいる
② 歌劇俳優自身が歌劇に対する理解がなく、根底も修養もない連中が殆どである
③ 脚本なり将来に対する準備が皆無

それに対し、宝塚少女歌劇は舞台以外でも毎日学校で修養を積み、スタッフも絶えず脚本や作曲や

振り付けに努力を重ねている、という主張である。音楽歌劇学校の生徒は新曲を習う時には自分で譜面を写さなければならなかったし、学校の運動会に〝写譜競争〟なる競技まであったくらいだ。その結果、

宝塚少女歌劇が綜合歌劇として、即日本式歌劇として新興創造されて未だ僅かの間しか経たないのに（略）青年達の間に於ける人気の如何に高調なる、白熱なる、凄じいといはなければならない。若い男が四五人集まれば、すぐに話は少女歌劇の噂になってしまふのである。

（大正九年一月号「美と愛と芸術の所有者として」豊田秋生）

浅草オペラの舞台には、タイツ姿の半裸体の女優も登場することもあった。歌劇の名の下に見た目の派手さ・奇天烈さで耳目を集めていた歌劇に辟易していたオペラ愛好者たちは、新しく発見した〝少女歌劇〟に「芸術性」、それ以上に無邪気で純真であること、すなわち「処女性」を求めた。

宝塚少女歌劇は、永久に歌劇界の一つの最も純真な、熱心な、汚れなきAmateur（アマチュア）として自己を見出し、且つ成長してはどうかといふのです（略）少女歌劇は永久に少女歌劇として、必ず少女といふ名が明確に与へる意味での素人であらせたいのです。

（大正九年三月号「少女歌劇は永久に歌劇界のAmateurとして自己をみいだす可きや如何？」柳川禮一郎）

前の年に七一回観たというファンも、

僕の宝塚の歌劇を賞めるのは、全々女優気質のない処に妙味があると思ふ。又、歌劇学校の生徒の演ずるものとして見る価値があると思ふ。もしも今浅草辺の様な濃厚な女がバタバタする様な事にでもなれば、僕はすぐ嫌になってしまはう。（略）宝塚少女歌劇を随分と難しく芸術化しようと論じた人があったらしいが、余輩に云はすと全く反対だ。

（大正一〇年一月号）

新温泉の湯上がりに気軽に観られる余興、紅葉狩りのついでの土産話でいい。実際お客もこんなに押し寄せているではないか。しかし一方で少女歌劇は「行き詰まっている」と言われる。形式も題材も作曲も振り付けもマンネリ化しており、このままでは早晩飽きられるに違いない。そこに二部制という考え方が生まれてくる。当時阪急から出向中で「歌劇」の編集長を経て、のちに演出家になる堀正旗は、黄金冠のペンネームで次の文章を寄せている。

噂に聞けば、少女歌劇は近き未来に於いて、第一部と第二部とに区分せらるべき運命を持ってゐるさうである。その時こそ、第一部の方にもっと芸術的な、もっと劇的要素の多分に盛られた脚本を与へて、思ふ存分その天分を発揮さすべきである。但し少女歌劇はあくまでも少女歌劇である以上、気品を重じるといふことの必要は言ふまでもない。いかなる場合と雖も、浅草趣味のオペラコミックは絶対に避くべきである。

（大正九年一月号「第三者の言葉」）

花組、月組の誕生

大正一〇年（一九二一）一月号には〈現状維持説〉と〈現状打破説〉それぞれの主張、考え方が整理されている。適宜言葉を補って現代の言い回しに改めると、まず〈現状維持説〉派は、

①　家族的鑑賞に適すること
②　青少年の娯楽の欠陥を補っていること
③　少女歌劇がお伽歌劇の上演によって発達したこと
④　少女歌劇の意義は営業ではなく、研究にあること
⑤　清純な新国民劇の前駆となること
⑥　現状維持を望む観客が多いこと

を理由に挙げ、いっぽう〈現状打破説〉派は、

①　上級生が技芸の上達により、もっと複雑な演目を望んでいること
②　専門的作家が入団し、お伽歌劇に満足しなくなっていること
③　お伽歌劇が行き詰まっていること
④　完成すべき日本の歌劇への第一歩として演目を一変させること
⑤　現状打破を望む観客が多いこと

を挙げている（大正一〇年一月号「宝塚少女歌劇論」桑田透一）。

そしてついに大正一〇年（一九二一）一月三一日の大阪毎日新聞夕刊に掲載された二部制導入の記事が「高声低声」に転載された。

この二月から一部二部の二つに分(わか)れて、一部は現在の公演場（公会堂劇場）で、二部は旧パラダイスで開演する（手(て)）筈(はず)になり、兎角に少女歌劇に対するお伽趣味の欠乏を非難する人と、飽(あ)くまでも歌劇を劇的に進めやうとする人との両方の都合のよいやうにすることに成った。

（大正一〇年三月号）

果たして前章で書いたように公会堂劇場で芸術的な少女歌劇、第二歌劇場で旧来のお伽歌劇というやり方は失敗した。観客が公会堂劇場の一部にばかり集中したのである。ガラガラになってしまった第二劇場の客席に二部の生徒も嫌気がさしているのか、ダラダラして舞台に締まりがなく、大入り満員の一部の公演を羨ましそうに見に来る二部の生徒の姿もあった。

小林は内容による二部制は春・夏の二公演だけで撤回し、秋の公演から〈一部〉を〈花組〉、〈二部〉を〈月組〉と改め、翌大正一一年（一九二二）一月公演から公会堂劇場において、月組・花組交替で年間八公演を実施することにした。実はこの年の正月に数日間だけ、第二歌劇場で前年秋と同じ演目を花組が上演しているのだが、それ以降上演記録からは、第二歌劇場での公演は姿を消す。

ところで二部制のあり方を模索していた頃の「高声低声」には、知識階級向けの芸術作品と子供向けのお伽歌劇に分けるという考え方について、「所謂(いわゆる)年配の中途半端な者」を自ら標榜する投稿者が、「老いたる者も、若い者も、幼い者も、男も、女も、無識者も有識者も共通に夫(そ)れ相応のポイント・オブ・ビイウ（着眼点）を以(もっ)て観(み)、娯(たの)しむ事が出来る」のが宝塚少女歌劇であるとし、

左記の方法（二部制）に由(よ)って分(わか)つ事は、やがて宝塚の少女歌劇を衰運に向はせる事になりますま

いか。（略）私は宝塚の少女歌劇は飽く迄も万人共通のものであってほしい（略）宝塚の少女歌劇は、
永久に中途半端であってほしい。（大正九年八月号・山正生）

という高見を寄せている。そう、「中途半端」であり、いつまでも「未完成」であることこそが、今日に至るまでの宝塚の本質であり魅力なのだ。

〈花組〉〈月組〉という呼称については、大正一〇年（一九二一）一一月号の「高声低声」に小林自らがこんな文章を寄せている。

将来は、雪月花の三組に区別して、一月交代に、即ち二ヶ月間稽古して一ヶ月間公演するやうにしたいといふ其方針に基いて、来年早々から一月公演二月公演といふ風に、雪組と月組を代る代る一ヶ年八公演を御覧に入れる事に決定いたしました。ゆくゆくは雪月花三組にて、毎月毎月新曲を公演したいと計画してゐるのであります。

当初の小林の構想では〈花組〉と〈月組〉ではなく、〈雪組〉と〈月組〉だったのである。今日の宝塚ファンの常識では、組の表記の順番は、誕生順に花・月・雪・星そして宙組ということになっているのだが、少なくともこの原稿執筆の時点では、最初の二つの組は〝雪月花〟の順に雪組そして月組だったのである。果たして花組と月組の命名が公示されたのは、一二月号掲載の公演日誌によれば、大正一〇年一〇月一五日のことであった。

劇団の年史には、第一回月組公演は公会堂劇場で九月二〇日から一一月一九日まで、第一回花組公演は第二歌劇場で一〇月二〇日から一一月三〇日までとある。細かい話だが、この公演日誌の記録が

正しいならば、月組公演初日に〈月組〉という呼称はまだ存在しなかったということになる。なお〈雪組〉が誕生するのは、宝塚大劇場がオープンする大正一三年（一九二四）七月である。

ここでちょっと謎なのは、宝塚の公式見解では、花組が最初にできた組とされていることだ。見てきたように二つの組が誕生したのは同時であり、しかも実際の公演は月組のほうが先である。それでも花組のほうが先に置かれるのは、花組が〈一部〉だったからだろうか？

こうして花組と月組が交互に公演するようになった当初こそ、「三十日間づつ二組で公演して、二組共イイ加減なものを見せられるより、六十日間粒揃（つぶぞろい）の立派な芸を同じものを二度見る方がどんなにか愉快でせう」（大正一一年五月号）という意見もあったが、やがて二つの組は各々（おのおの）のカラーを発揮していく。

花組はどこ迄も広く浅く平面的で、新開拓の広野に思ふ儘（まま）振舞ふ。月組はどこ迄も狭く深く立体的で、過去の懐かしい宝塚ムードと云ふ独特の情緒を有している。

（大正一二年六月号「回想の月組」）

新聞にたとへると、月組は大阪毎日なれば、花組は大阪朝日だ。後者は馬鹿人気はあるが、絶えずゴツゴツしてゐるに反し、前者はワイワイ人気はないが、如何にもナチュラルで気持ちがよい。

（同・七月号）

月組には調和がある。花組には折角（せっかく）多くのスターが居ながら、その歩調がバラバラである。

（同・八月号）

新聞のカラーに喩（たと）えるのは、一〇〇年前の事情ゆえイマイチよくわからないが、華やかな花組とチームプレイに秀でた月組といったところか。

「月組を帝劇の如き大きな舞台へ立たせるのは無理」（同・八月号）という声のある一方で、「宝塚が集団として進歩するものなれば、月組及び毎日（新聞）が遥かに優勢」（同・七月号）とも言われた。創生期の宝塚少女歌劇は、人気生徒はいても、建て前としてはスターシステムを採っておらず、「誰れ彼れと言はず、人形箱をぶち開けたやうな可愛い一団隊の組織立った働作そのものが真実の力」（大正九年三月号）だったのである。

若き〃T党〃たち

さてその少女たちのパフォーマンスに熱狂したのはどんなファンで、当時のファンはどんな生活を送っていたのだろうか。

大正一〇年（一九二一）一月号の「高声低声」に「東京高商出のホヤホヤの会社員」氏が自身の家計を披露している。東京高等商業学校は、現在の一橋大学のルーツである。

大阪勤務の会社員氏は、阪急岡町駅（大阪府豊中市）近くの池のほとりの下宿屋の二階に在住。定期代は一か月五円、下宿料は月々三〇円。毎週日曜に早朝から宝塚に出掛け、ひとっ風呂浴びて図書館で新刊書籍と雑誌を読み、トンカツとライスカレーの昼食を取って、予約席で観劇。夕食も食堂で済ませてくる。

新温泉に落としてくるのが、一日当たり昼・夜の食費が一円二〇銭、入浴料が二〇銭、座席予約券が三〇銭の合計一円七〇銭で、月五回行ったとして毎月八円五〇銭。これに加えて岡町〜宝塚間の電車代が片道一六銭の往復三二銭で、五往復すると一円六〇銭となる。参考までに一〇〇年後の二〇二三年二月の岡町〜宝塚間の阪急電車の運賃は片道二七〇円である。

更に平日は平日で、最近オープンした梅田阪急ビル二階の阪急食堂で三〇銭均一のメニューを二皿食べるので、一日当たり六〇銭、月に二五日間行ったとして毎月一五円となる。

いっぽう月給は八〇円なので、これらの出費をすべて引くと、一九円九〇銭しか残らない。まんまと小林の戦略にハメられているような気がするが、自分はこれだけ阪急に金を払っている〝阪急党〟なのだから、せめて歌劇くらいは優待しろ！　というのが、氏の主張である。

なお〝阪急党〟の「党」は〝甘党〟の「党」と同じで、〝篠原党〟と言えば「篠原浅茅のファン」のことであり、〝T党〟は「タカラヅカ党」すなわち「宝塚ファン」を表す符牒（ふちょう）である。ついでながら、当時は〝Tシック〟という言葉もあった。今風に言えば、「宝塚依存症」ぐらいの意味だろうか。

大阪堂島〇〇〇（ママ）商店に業務見習いで勤務しているという神戸出身の若い店員君は、二年前に勤め始めて四日目の朝、中学四年生（旧制中学校四年生で、現在の高校一年生）の店の次男坊が二階の奥で英書に向かいながら「大根の皮はうすくむき、ねぎは五分切り」[*2]と歌っているのを聞き、「それは歌劇の唱（うた）ではありませぬか」「君も歌劇党か」とまず意気投合。

その年の夏、店の同僚の小野君が一か月ばかり宝塚に静養に行っていた若奥様のお供をして帰ってくると、家内中歌劇の歌が大流行、お嬢様が「かはづを釣（つろ）ほかかに釣か」[*3]、女中が「ねんねん坊やはお乳（ち）のんで」[*4]、店員も負けずに「春があ来たかやあ」[*5]と歌う有り様。八月に初藪入り（やぶいり）（帰省休暇）を五日間もらった際は、実家の神戸からすぐ宝塚に向かい台詞を暗記してきて、店先で小野君と「傾く影も有明の」「月もさし入る宮の内」[*5]と歌っていて、お客がやってきたのにも気付かぬ始末だった。

一〇月某日若い美しい夫婦連れが来店し、たくさん注文して「品物は明日取（とり）に来ます」「御名前を」「坪内です」。えッ、日頃尊敬している坪内士行先生と夫人で元生徒の雲井浪子さんではないか。

お帰り後、番頭に報告すると「あの方が高評嘖々たる……」、小野君は「坪内先生御来店御買上の栄を賜はる」と書いて貼り出そうかと大騒ぎだった。

とかく私の心の天外に飛さる迄では、永久に宝塚少女歌劇は日夜私の胸中をはなれ無いのです。（大正一〇年三月号）

明記はされていないが、○○○商店が扱っているのは「日本人として男女共に外出の時にはかならず入用の品」、どうやら下駄屋か履き物屋だったようだ。

名古屋から日帰りで遠征してくるファンもいた。

鈴木英夫君、多分本名。月組公演観劇のため、午前六時五七分名古屋発三等急行乗車、四時間かけて一一時八分梅田駅到着。すぐに阪急電車で宝塚に向かい、新温泉に飛び込んだのが昼過ぎ。阪急カレーを掻き込んで、午後一時の開演ベルを待つ。終演後は大阪梅田に取って返し、午後六時五〇分の上り三等急行で帰名。所要時間は一六時間（大正一三年五月号）。

鈴木君は会計報告も行っている。

◆名古屋から宝塚◆

往復乗車券及び往路の急行券汽車賃……………五円九五銭
宝塚往復電車賃……………………………………六五銭
新温泉入場料………………………………………二〇銭

座席予約料…………………………………………………………三〇銭
脚本集……………………………………………………………三〇銭
楽譜集……………………………………………………………三〇銭
昼食（カレー）…………………………………………………三〇銭
夕食（汽車弁）…………………………………………………三五銭
復路の急行券……………………………………………………六五銭
合計九円

ちなみに現在新幹線↓JR在来線↓阪急電鉄利用で同じことをしようとすると、

◇名古屋から宝塚◇
乗車券……………………………片道三四一〇円／往復六八二〇円
新幹線自由席特急券（通常期）…片道二五三〇円／往復五〇六〇円
大阪梅田〜宝塚電車賃……………片道二八〇円／往復五六〇円
座席料金……………………………S席八八〇〇円
プログラム代………………………一〇〇〇円
劇場内カフェテリア「フルール」のカレーライス………七〇〇円
合計二万二九四〇円　※駅弁代含まず（二〇二三年二月現在）

公演ごとの主題歌集は二〇〇七年で販売中止となっている。乗車時間は名古屋から宝塚まで片道約二時間で、所要時間は九時間もあれば行って帰って来られるのではないか。名古屋から大阪難波まで近鉄特急利用であれば、宝塚まで片道三時間ほどかかるが、もう少し安く往復することができる。

名古屋どころか、東北から遠征してくる強者（つわもの）もいた。

僕は今じゃ仙台人だけど、武庫川の上流で生れたんだから、四季の公演が初（はじま）ると、もうじっとして居られなくなるんだい。云ひ忘れたが俺は、鉄道管理局の住人、ヱヘン薩摩の守（かみ）よ。だが往復一千二百哩（マイル）を疲れたやうな顔もせず行って又帰ってくる剛の者だい。（大正九年六月号）

薩摩の守は平家の公達（きんだち）、薩摩守忠度（ただのり）で、要するに無賃乗車のことだが、鉄道管理局の職員は汽車にタダノリできたのだろう。仮にそうだったとしても、もし現在公務員がこんなことをSNSで吹聴しようものなら、たちまち炎上して個人情報を晒されるところである。なお「四季の公演」というのは、少女歌劇が当初年間四公演だったことを指している。

東京・帝国劇場での公演を観て少女歌劇にハマってしまった「歌劇が三度のごはんを四度に食べても好き（↑ここちょっと意味不明）」な「江戸のとむ坊」という中学生もいた。

ファーザーは先（ま）づ置いて、マアから一番下のチンピラ迄、ブラもシスも皆んな唱歌が大の好きで（略）東京に宝塚が来た時は、去年も今年も一日だって欠勤しなかったの。（大正九年一月号）

とむ坊の本名はともたけ、名字は不明だが、帝国劇場で上演された露西亜（ロシア）大歌劇団の『ファウスト』や『カルメン』を鑑賞する上流家庭の子息だった。そのとむ坊を宝塚に引っ張り込んだのは、とむ坊が〝御ぢさま〟と呼ぶ叔父もしくは伯父さんだったらしい。

そして中学生のとむ坊を相手にひけらかすのである。

「おい、とむ坊！　俺なんか御前（おまえ）みたいに中途から入ったパトロンぢゃないんだ。初めの初めの最も初めの『ドンブラコ』からずっとこの方（かた）見ない物は一つも無いよ。未（ま）だ雲井浪子も小さかったものさ。頭へ蛸（たこ）をつけて踊った時からだ。さうさう、浦嶋のな。『パックリパックリツウイツイ』……ってな。エヘハ……」（同前）

何が「エヘハ」だ（ちょっと誤植があるようだが）。とむ坊が誰かという以前に、御ぢさまが何者なのか、ついに手掛かりを発見することは出来なかったが、『ドンブラコ』から観ているということは、宝塚少女歌劇の東京公演に尽力した玄文社か帝国劇場関係者、あるいは小林がこの時期匿名で経営に参画していた田園都市株式会社（東急のルーツ）の関係者だったのかもしれない。

大正八年（一九一九）七月、期末試験を終えたとむ坊は、ついに夢の宝塚にやって来た。しかし、白亜のフランス・ルネサンス様式、四階建て一七〇〇席の帝国劇場を見慣れたとむ坊の目には、本家の劇場（公会堂劇場）はあまりにもオンボロで、生徒たちも不真面目だった。「御江戸でやる時はもう少し締（しま）ってゐる」。しかも足の裏は真っ黒。帝劇でロシアのオペラを鑑賞したことのあるとむ坊の目には「宝塚が小娘」に見え、宝塚での公演は帝劇公演のための稽古か、とまで思ってしまう。

こうして小さな幻滅を覚えて宝塚を後にしたとむ坊だったが、「お正月の宝塚の景気はどんなかを見やうと思って」再び来宝する（大正九年三月号「恐っそろしい宝塚!!」）。大阪に向かう汽車の中で、とむ坊は早稲田大学の学生と一緒になった。


「どちらまで?」

「僕ぁ宝塚へ行くんです」

「さうですか。私も一度奈良の宅へ帰って、それから直ぐ宝塚へ行かうと思ってます」

「えッ!」


わざわざ江戸から宝塚を観にいくのが自分だけでないことに驚くとむ坊。

一月三日、例の御ぢさまが誘いに来てくれたので新温泉まで行ってみたがこの日は観られず、翌日再訪するも、「湯の中も水の中も廊下もベンチも待合室も食堂も売店も人で一杯」で、「天長節の晩の提灯行列みたいで彼方へ押されたり此方へもまれたり」しているうちに、ドンとぶつかる者があった。とむ坊は〝ポリス〟と書いている。


「え、小さいの。今晩の分まで売り切れで席が無いんだ。入ったって駄目だから止せ」

ここでついにとむ坊の「癇癪玉のゴム風船が破裂」してしまう。

「やい、小林さんや坪内さん達!僕を一体如何して見せて呉れるの。三百七十一哩七分も離れた

お江戸から来た此僕に、『文福茶釜』のブンの音さへ聞して下さらないってのは何う言ふ訳。（略）
僕ぁ江戸ッ児だ。ヘマやると鼻っぽへし折るぞ」

エエトコの坊か『吾輩は猫である』に出てくる〝車屋の黒〟なのかよくわからない啖呵だが、とむ坊は自分では「ベランメーの弁舌」と言っている。しかしブチ切れたところでない物はないわけで、御ぢさまに「まあ怒るな。好いぢゃないか。将来は長いよ」となだめられたとむ坊は、三七一哩七分の道程をすごすごと帰京した。

その後もとむ坊は、東京公演のたびに上京して来る生徒たちを駅まで出迎えに行き、ある年には人気生徒の高砂松子から花環をプレゼントされるという僥倖に見えたこともあった。それは高砂が途中の名古屋駅で贈られたものだったが、とむ坊には生涯の思い出になったことだろう。

不良少年とヤジ

以上は非常に毛並みの良いファンだが、そうでない輩少なくなかった。前章で述べたボーイの態度と並んで来場者の不興を買っていたのが、観劇マナーを心得ず、場内の空気を読まない連中からのヤジであった。

弥次馬に一言す。開演中舞台に向って弥次るのは止し給へ。多人数の前へ下劣な自己の品性をさらけ出してまでも弥次らなくてもよかろうに。

（大正八年四月号）

どういう連中がヤジを飛ばしているのかと言うと、

或一部の大阪の学生達が悪い為の様に一般から想像されてゐるが、それ許りでもないらしい。立派に神戸神港商業の記章や同じく関西学院の帽章をつけたのを見受ける事は、一度や二度の事ではない。（大正九年三月号）

学生だけでなく新聞配達夫や商家の店員や丁稚たちもヤジを飛ばした。
実際に「高声低声」に投稿されたヤジの内容を見ると、

（篠原浅茅に対し）「八百屋デコボコ」（大正九年一月号）
「乱菊さんより乳母にお乳母が要りますよ」「ハテ恐しい狐火よな」「猿飛佐助ッ」「浅茅こわいや」（同・八月号）
「コリャコリャ」「ナッチョラン」（大正一〇年五月号）

ヤジの内容をいちいち解読するのもどうかと思うけれども、篠原の実家は大阪で青果店を営んでおり、乱菊さん云々というのは大正九年夏季公演演目の一つ『乱菊草紙』に対するヤジである。キツネの乱菊姫が大納言の息子の康頼卿に懸想する話で、乱菊姫の笹原いな子よりも乱菊姫の乳母・真葛役の秋田露子が……以下推して知るべし。

これじゃ浅草と何ら変わらんじゃないか、と思われるかもしれない。しかしながら浅草が「ニキビ男や青臭い少女たち」の無法地帯であったのに対し、宝塚新温泉のターゲットはあくまでもファミリー層である。劇場には新温泉に湯治に来た老若男女あらゆる世代の観客がいて、一度ヤジを飛ばそうものなら、「アッチからもコッチからもシッシッの総攻撃」を受け、時には「ツマミ出される」こともあった。

> 大体歌劇と云へば、若い者の見る物と思はれて居た様ですが、宝塚の少女歌劇は大の男四十五十での立派な紳士、或は腰の曲ったお爺さんにまで喜ばれて居ます。無論五つ位から二十五六迄の青年淑女は申すまでもありません。
>
> （大正一〇年四月号）

そんな中で、「手拍子打って始から終り迄声高らかに狂ふように唄ひ続け」たり（大正一〇年四月号）、「科白の時も間楽の時にも御エンリョ御座無くどら声はり上げてお唄ひ遊ば」したり（同）、あまつさえ第二歌劇場で「コーラスボックスの屋根に下りたり、上に渡した細い鉄棒の上で危い芸当をヤリ乍ら弥次る」（同・五月号）というのは、もはや常軌を逸していると言うほかない。

ところでヤジと聞くと、どうしても国会などの下品なアレを想像してしまうのだが、当時は罵声ではない、いわゆる〝大向こう〟などの掛け声のことも「ヤジ」と呼んでいたようだ。

> 『ジャンヌ・ダルク』の幕が開いて、高峰・瀧川・高砂君等の舞踏余りに巧みだったのに釣り込まれ、思はず知らずに大きな声で野次ったのでしたが、其時場内監督者？が切符を集めに来て居られてたので、夢中になって観てゐる私の頭をグッと突いて、「オイオイも少し静かにしなさい」（略）其時の不快さは譬へ様のないやうでした。
>
> （大正九年三月号）

これはちょっと気の毒な気がする。出演者への掛け声ならば、歌舞伎や文楽では普通にあるし、宝塚では禁止されているが、歌舞伎小屋の流れを引く松竹系のＯＳＫ日本歌劇団の公演では、今でもスターへの掛け声を聴くことができる。間合いを心得ているので、劇場の雰囲気と相まって、むしろ心地好いくらいである（コロナ禍では禁止）。

しかし掛け声だけなら百歩譲って大目に見たとしても、不正行為となるとさすがに看過するわけにはいかない。

> 無切符で入口でもない柵を乗り越えて空席へ座り込み、平気ですまして居たヤングゼントルマンがあったのには驚きました。二階正面桟敷です。いくら些事だと云ったて悪事は悪事です。
>
> （大正九年八月号）
>
> 歌劇場座席予約券売りのボーイや、脚本売りのボーイが、多数入り込める青年輩と（我は不良の徒と推定する）相結んでゐる事である。（略）ボーイは無券にて無頼の徒を特別席に入れたり、特別席中最上の所を未だ予約もせざるに予約済として、我々の観客には後方の席を与へて、遅く来れる己が相結べる青年に其処を与へて平然としてゐる。
>
> （同・三月号）

不良共は何とボーイと結託していたのである。

度重なる苦情に対し、「この種の観客は出来るだけお断りして居りますけれどイツの間にか這入って居るので、実に閉口して居ります。此度は見つけ次第、一大痛棒を喰はせ度と思って居ります」（大正九年一月号）と返答するも、なかなか有効な策を講じ得なかった場内監督者だったが、ついに実力行使に出る時が来た。この時の状況が「歌劇」に何と四ページにわたってセリフ劇風のルポルタージュとして報告されている（大正一一年七月号「美少年との対話」神戸生）。

大正一一年六月一八日(日)午前一一時、発端はパラダイス二階のレセプションホール入り口で、新温泉の事務員が神戸某校制帽制服の美少年(一八歳)を捕まえようとしたことである。彼は喧嘩を売ったり、歌劇の生徒を冷やかしたり、若いお嬢さん方にぞめいたり(からかったり)する札付きの不良少年で、入園拒絶を言い渡されていたのにも拘らず、性懲りもなくまた姿を見せたのだ。

「人の手を乱暴に引張る奴がありますか」

「まァこちらへ来て下さい」

「僕はイヤだ。僕だって入浴料を払って来てゐるお客様だ(……)乱暴するな」

「入浴料はお返し致しますから出て下さい」

「歌劇場の座席券も買ってゐる」

「それもお返し致します」

「僕はイヤだ」

飛ぶ鳥のように身をかわして階下の食堂のほうに逃げようとする美少年、逃がしてはなるものかと懸命に追い駆ける事務員……しかし途中でとうとう捕まってしまい、人だかりが出来てきたので、美少年もついに観念して、事務所に連れて行かれる。

「君はもう来ないって堅く約束をしたのを忘れたのですか」

「お客が来てわるいといふ理由がどこにありますか」

「お客様だからと言って、当会社は君のやうな青年の入場は決して歓迎しない。会社の方針は、此家庭団欒を目的として一日の清興と慰安とに喜んで居る平和の群衆の中に君等のやうな……」

事務員の説教は延々と続く。

「君等のやうな不良青年が一人たり共、此温泉場内にうろつくと言ふことは、会社に取っては非常に迷惑であるから、ドシドシお断りすることにしている」

「……もう用事はないでせう。帰りますから、返して下さい」

「何を」

「何をって、人を追出す以上は入場料を返すのがあたり前でせう」

事務員が入浴料二〇銭＋歌劇予約券三〇銭の五〇銭を札で渡して、

「予約券は」

「ハハハそんなものがあるものか」

「真直に帰り給へ。君等がウロウロすると宝塚の人気に関するから、温泉場の内外を問はない、入園拒絶だからその積りで居てくれ。わかったかい」

「勝手にしやがれ」


骨子となる台詞だけを抜粋したが、原文はこの何倍もある。新温泉側はまず行状を調査し、一応意見して、文句を言う者には父兄に手紙を出し、それでも聞かない手合い、すなわち「不良青年」と認定した者に対しては警察に連絡した上で、入園拒絶という措置を取っていたらしい。ブラックリストも存在していた。事務員が寄稿者の「神戸」君に語ったところによれば、この捕り物劇の美少年は「神戸の立派なお宅の息子さん」ということだった。

「神戸」君が事務所の中にまでついていって顛末を見届け、それを誌上に発表するとか、よくわからないところもあるが、要するに見せしめであり、不良青少年たちへの警告だったのだろう。「神戸生」君は時々「高声低声」にも投稿しており、ひょっとしたら新温泉の関係者だったのかもしれない。別の目撃者によると、「新温泉の事務員の態度は一寸壮士芝居を見るが如し」であり、不良少年が糾弾される様は「実に痛快」だったそうだ。壮士芝居はオッペケペーの川上音二郎（一八六四～一九一一）

が始めた新スタイルの演劇で、のちの新派劇である。

「良家」の不良に関しては、「高声低声」にこんな投稿もあった。「歌劇」大正九年一月号に「高濱喜久子(たかはまきくこ)の印象」という小文を寄せていたせいきというペンネームの投稿者について、

せいきと言ふ者は不良少年だぞ。最（尤）も不良少年でも家は金持ちで、京都某中学校まで卒業してゐるだけ尚(なお)恐ろしい。其(その)本名は関と言ふ名だ。毎日遊び廻ってゐる。せいきは電車の中でも女学生の足をわざと踏み、「いや失礼いたしました」と笑って出る様な奴である。歌劇の生徒をねらって交際をしたがってゐる。注意しろ。己(おれ)はせいきの友人の一人だ。但し彼の様な不良な人間じゃない。真(まとも)な人間だぞ。今神戸高商にゐる。だから忠告してやるのさ。

（大正九年六月号）

友人のことを不良少年呼ばわりし、しかも自分は真人間だぞと言い放つ神戸高等商業学校（神戸大学の前身校の一つ）の生徒もどうかと思うが、友人から不良少年の烙印を押されたせいきは、詩も何度か投稿していた。

「黄昏(たそが)るゝ武庫川」
涙含ましい燈影が夜気に滲(にじ)み
礫原に浅瀬のつぶやきが湧き上る時
窓より洩るゝギオリンのすゝり泣き
あはれ拍伝(はくでん)する一脈の淡い哀愁よ……

（大正九年八月号）

巧拙はわからない。「ギオリン（ヴァイオリン）」という詞から、上田敏の訳で知られるヴェルレーヌの「秋の日のギオロンのためいきの」を思わせなくない。せいきはついにサトウハチローにはなれなかった〝ペラゴロ〟の一人だったのかもしれない。

そもそもの話、大阪府内の中学校では、宝塚の観劇は禁止されていた。なまじ禁止なんぞするから不良どもが足を運ぶような気もするが、その理由について「歌劇」創刊号で匿名の中学校校長が語っていることを要約すると、こんな感じである。

――少女歌劇そのものの善悪や新興芸術の価値云々ではない。少女歌劇は面白く、内容は家庭本位であり、清新なる芸術である。妻も娘も時々見物に行くが、止めようとは思っていない。しかし教育者として、監督者の立場としては、禁止せざるを得ない。歌劇は若者を極度に熱狂させる。日曜日はいいとか、家族連れならいいとか、生ぬるい制限では監督しきれない。学校に行くと言って、歌劇を見に行った生徒も多い。共鳴し過ぎて学校内の空気が歌劇化されたり、凄まじい殺到的流行が中学校に襲来するのが困るのである――（大正七年八月号「宝塚少女歌劇見物禁止に就て」）。

要するに少女歌劇の内容の問題ではなく、男子学生が熱狂して収拾がつかなくなってしまうので、全面禁止せざるを得ない、という理屈である。

いっぽう大阪市内の女学校では、生徒たちだけの観劇は禁止はしていたが、それは「上演演目や歌劇そのものが悪いと云ふのでなくって、観衆の内には可成（かなり）、見物の女学生を覗（うかが）ふ不良青少年の混じてゐることを慮（おもんぱか）って」いるからであり、従って「家族との同伴ならば許されてゐる」と、男子校よりも柔軟な対応を取っていた（大正一一年一月号「教育家から観た宝塚少女歌劇」相愛高等女学校教頭文学士・廣瀬文豪の談話）。

そんな中、肝の座った男子中学生もいた。彼は大阪市内の府立中学校の生徒だったが、彼が通う中学校の宝塚禁止令は、千日前や新世界の活動写真やオペラのそれよりも数倍厳しかったらしい。

それでも宝塚熱を冷ますことが出来なかった彼は「制服制帽で正々堂々と」、毎公演四～五回は宝塚に通っていた。劇場で学生帽ではなく鳥打帽をかぶって来ている同級生に会うこともあったが、その都度忠告してやっていたという。

「君が鳥打でやって来るから、我が宝塚が数多(あまた)の教育家に誤解されて、知らず知らずの内に低級なものになるんだ。もっと正々堂々とやって来て、宝塚を我々の唯一の真のパラダイスにするのは我々の任務なんだ」

(大正一〇年七月号・三浦悦郎)

ところで昭和の初めから一〇年代にかけて、朝鮮の産業や満州移住、満蒙開拓に関する本を何冊も執筆している拓務(たくむ)省拓務局勤務の三浦悦郎という同姓同名の官僚がいる。同一人物だろうか？ そうだったとして、彼は現実の大陸にパラダイスを建設しようとしたのだろうか？

＊1 『カルメン』の上演に関しては、大正八年(一九一九)有楽座において北原白秋作詞／中山晋平作曲の〝和製カルメン〟が松井須磨子主演により上演されているが、この『カルメン』は大正一一年(一九二二)根岸大歌劇団によるビゼー作曲の『カルメン』(日本初演)のことであろう。

＊2 大正八年春季公演　喜歌劇『家庭教師』　久松一声作／金健二作曲

＊3 同・夏季公演　歌劇『蟹満寺縁起』　岡本綺堂作／坪内士行改修／金健二作曲

＊4 同前　喜歌劇『膝栗毛』　赤塚浜荻作／原田潤作曲

＊5 同前　歌劇『源氏物語』　小野晴通作／高木和夫作曲

第3章

作家と作品

岸田辰弥作『カルメン』（大正一四年八月雪組）のホセ・白妙衣子（左）とミカエラ・夢路すみ子

化粧・声・髪型

創生期の宝塚の舞台は、当然ながら作品内容も出演者のビジュアルも、現在のものとは全く違うものであった。「歌劇」創刊号に、生徒の化粧についてこんな評が掲載されている。

> 余りに平面的であって淡濃がない。ただ綺麗に引き伸ばして平たい感じを与へるのは、舞台に上った事のない素人のする事だ。もう少しエックスプレッシブにして、せめて二色や三色のドーラ(ン)位使用して欲しい。
>
> (大正七年八月号「帝劇に於ける宝塚の歌劇を観て」鈴木賢之進)

第一章で述べたように、もともと宝塚の化粧は旧温泉の芸者連が施してくれたところから出発しているので(大正一〇年一一月号「思ひ出のままに」)、それが素人のものかどうかはともかく、舞台用でなかったことは確かである。

これに対し、リアリズムは絶対NG、少女歌劇はあくまでも無邪気な少女歌劇であるべきで、「女優がするやうな化粧をし、ほんものの男に扮しやうとする憎らしいことはやめたがいい」(前出「少女歌劇は永久に歌劇界のAmateurとして自己をみいだす可(べ)きや如何?」)という声もあった。

ある公演で高峰妙子が赤黒い土色の男役の化粧をして舞台に出てきたことがあった。女性客二人が「あの役者はん、あれほんまの男はんだんなあ」と会話しているのを聞いて、「男役だから、本当の男と間違へらるる位なら、それが理想的じゃないか」という人がいるかもしれないが、

> 少女歌劇は総(すべ)てに於て美しいのが花である。可憐なのが生命である。何(ど)う見ても真の男性とより外(ほか)に見えない様な荒々しい顔の人の口から、歌ふ時に出るその声はと云ふと、それは余りにも

美し過ぎる（略）是処に至って、扮色と歌声との不調和極れりと私は思うのである。

（大正一〇年九月号）

当時は男役もソプラノで歌っていたのである。ちなみに現在の男役の声域の上限は、特殊な唱法や音域の広い海外のミュージカル・ナンバーを除き、ト音記号の真ん中のシ♭。これ以上高くなると、男役の声に聴こえなくなってしまうからだが、昭和三〇年代後半ぐらいまでは男役でも裏声の声域が要求されることも珍しくなかったようだ。*1

そして何よりも問題だったのが、髪型だった。俄に信じられないことだが、少女歌劇が少女歌劇であるために、少女たちは皆、お下げ髪でなければならなかった。〝花咲爺〟も髪は長く、声はキレイで細かったのである。

少女歌劇と云ふある意味に於て完成し得ぬものをそのままに育てる必要上、私共は絶対にかつらを用ひたくありません。特に男のかつらを用ひたくありません。いつまでも少女たる事を、多少の矛盾はあるとも、表徴して貰らいたいものです。

（大正一〇年三月号「男形の話」孔雀小路夢彦）

つまり少女歌劇のシンボルとして、お下げ髪を維持すべきという主張である。

理屈ではあるが、少女歌劇の行き詰まりも叫ばれる中、現実にはそうも言っておられず、僧侶には鬱金の手拭い、鳶の者には豆絞りの鉢巻き、ボーイには鳥打を被らせ部屋の中でも脱がせない、丁稚や若侍はお下げを前に折ってちょんまげに似させるといった具合に涙ぐましい努力を重ねていた。徳川時代の町人やお百姓の頭はさすがに困ったようで、その時代の演目は少なかった。『カルメン』上演の際、闘牛士エリカミロ役の高峰は耳の側にはえさがり（もみあげ）をニスで付けたが、キワキワの線だろう。男役が男役として正式に断髪するのは、宝塚では昭和七年（一九三二）『ブーケ・ダムール』の門田芦子（一九〇五～一九七四）を待たねばならなかった。*2

新しい歌劇の模索

出演者が少女だけという制限の中で、作家たちも新しい日本の歌劇の形を模索していた。

いま筆者は「作家」という言葉を使ったが、創生期の宝塚少女歌劇の作家は、今日の宝塚の作家とは随分イメージが違う。一言でいえば、守備範囲がかなり広く、一人で何役もこなしていた。このあと四人の作家について具体的に見ていこうと思うが、彼らは脚本・演出のみならず例外なく振り付けも担当し、時には作曲まで手がけることもあった。現在の宝塚歌劇団では、基本的には座付きの作家が脚本および演出を担当するが、音楽、振り付けは別のスタッフがこれに当たっている。*3

また当時は劇団と音楽歌劇学校が分離しておらず同一組織だったので、脚本家兼演出家兼振付師の「先生」が教鞭を執っていたし、作曲家もオーケストラを指揮すると同時に、学校で生徒の声楽や合唱や楽器の演奏の指導にも当たっていた。なので、劇団イコール音楽歌劇学校のスタッフである彼らの呼称を何とすべきか、考え始めると実は非常に難しい問題なのだが、本書ではザックリと振り付けもこなせる脚本・演出家のことを「作家」と呼ぶことにする。

さて彼らが試行錯誤しながら創り上げた形は、舞台でソロを歌う生徒以外は御簾の中に居て、古代ギリシャ劇のコロスもしくは能・歌舞伎・文楽の地謡のようなコーラス隊を務めるというものであった。いわゆる〝影コーラス〟である。声楽出身の教師や演出家による〝影ソロ〟が入ることも珍しくなかった。*4

藤井清水（一八八九～一九四四）は、自らが作曲した『平重衡』（久松一声作）について、こんな内容の手記を残している。

・全員の合唱はユニゾン、個人同志の合唱（重唱）は簡単なトリオにした
・脚本には「甲独唱―乙独唱」となっている所も、甲のソロが終わる前に乙が始めて、二重音を形成した
・和歌の独唱は無伴奏とした
・脚本上菩薩出現後の独唱・合唱は、仏教音楽（看経や和讃唱和）に擬して作曲した
・歌詞のアクセントは無理なきよう、それを活かすべく心掛けた

（大正一一年九月号「『平重衡』を作曲して」）

これ以外にも全体で転調が一六〇回内外もあるとか、おおよそ短音階本位だが、洋楽のそれではなく日本俗謡の陰旋でもないとか、和声において大胆な反則を試みたとか、ホトトギスの擬音を入れてみたとか、極めて専門的な音楽用語が誌上に躍り、日本のオペラを創作するに当たって、すこぶる意欲的な姿勢が窺われる。

洋物の場合は既存の西洋曲をさらっと入れることもあった。しかし大正時代といえども小うるさいクラシック・オタクはいるもので、どこそこにドリゴのセレナーデが使われているとか、あの曲はグルックのオペラ『オルフェオとエウリディーチェ』のアリア「エウリディーチェを失って」だとか、あれはワーグナーの『さまよえるオランダ人』の「水夫の合唱」ではないかとか、元ネタがしばしば露見している。

創生期の作家四天王

さて創生期の宝塚には、四天王と呼ぶべき座付き作家がいた。久松一声・楳茂都陸平・坪内士行・岸田辰弥である。とりわけ久松と楳茂都が好評を博していた。二人の作品が「如何にも宝塚のアトモスフィーアにしっくり塡って」いたからである（大正一〇年三月号「久松一声氏と楳茂都陸平氏」室津米美）。アトモスフィーア（雰囲気）、それは小さな湯の町に生まれた〝宝塚情緒〟そのものであった。

四人それぞれの個性については、いささか手厳しいが、次の寄稿が簡潔にして的を射ているものと思われる。

> 久松氏の老練に服すると共に、その駄作を難ずべく、楳茂都氏の鋭い独創眼は認め乍らも、その心的世界の単直狭少なるに物足りなさを覚え、岸田氏の巧みさは感じつつも何等の達見なきに興ざめ、また勿体なくも栄ある東都劇界の新人、坪内氏の苦労には三拝すれど、敢然なる勇躍なきに人事ならず残念さを感じてゐる。（大正一〇年八月号「上演脚本選択に対する管見」高倉禮一郎）

各人の作風と作品を具体的に見てみよう。

久松一声（一八七四〜一九四三）

> 華やかな総踊り、合唱、人事の推移といった風の舞台上の技巧のうまさと、色彩と光線と音楽との融合の中に覗はれる様式化された絵画的な舞台面の巧緻さ（略）かうした「気分劇」こそ「宝塚少女歌劇」の花であり、やがては「久松情緒」の美しい生命なのです。

（大正一一年八月「久松情緒の諸断篇」中澤ひろし）

この寄稿によって、久松作品の魅力とその真髄は語り尽くされているように思う。

当時まだ一九歳だった作家で落語・寄席研究家の正岡容（まさおかいるる）（一九〇四～一九五八）も、「ムードといふことの価値を認めず、徒らに（いたずらに）プロットの深刻を作品の価値標準におくのが現代の日本人である」のに対し、「久松一声氏の作品は唯美（ゆいび）の二字、陶酔の二文字につきる」「それっきりなるがゆゑに尊い」（同・九月号「情調作家久松一声さんと江戸文明」）と記している。

久松は教員や新聞記者などを経て、パラダイス劇場第一回公演『ドンブラコ』『浮れ達磨』（大正三年）の振り付けの助手として迎えられた。自身が日本舞踊の家元で、ローシーのローヤル館のオペラ運動に参加していたこともあるらしい。「作品・作曲・振付けを一人でせねばならぬ」と言われて書いたのが、『三人猟師』（大正四年）だった（大正九年六月号「舞踊の新大道」久松一声）。なお「振り付け」と言うと、現在ではダンスや日舞のいわゆる振り付けのことだが、当時はもう少し意味が広くて、振り付けを含む演出全般のことを指していたらしい。今日的な振り付けは「按舞（あんぶ）」という言い方で区別していたようだ。

さて第一回公演から何年か経つうちに、少女歌劇の行き詰まりや堕落ということが叫ばれるようになってきたが、そんな時「昔は良かった」的な文脈で必ず引き合いに出されるのが久松作品だった。それは例えば、猟師とキツネが出てくる狂言風の『三人猟師』（大正四年）であり、覗き（のぞき）からくりを扱った『金平（きんぴら）めがね』（大正九年）であった。

秋さへ老けて　野の末は　夕の風の　身にぞ泌む　入り日悲しき　思ひかな

『三人猟師』の子狐の合唱の歌詞である。久松の歌には古典の素養に裏打ちされた韻律の美しさと情趣があった。『金平めがね』は大道芸人とアホの若殿とのひと悶着（もんちゃく）があった後、めがね箱の内部の世界となり、中にいた人形たちが……という趣向の作品だった。

> 宝塚でなければ見られないと思はせたものは（略）多く西洋ものになく、日本ものにあった。その中でも久松氏の作にあった。久松もの則（すなわち）宝塚型（タイプ）であった。芸術品としての価値は極めて少い。あれは決して立派な芸術ではない。が、その芸術でないところに、あの歌劇の価値がある。生命があるのだ。久松・楳茂都両氏の作品が喜ばれるのは、宝塚型だからである。
>
> （大正九年一一月号「気分に浸たる時」岡村豊より抜粋）

「宝塚型」とは、影コーラスを伴う独自のスタイルであると同時に、「浅草式」に相対峙する概念でもあった。「宝塚型」で書かれた久松作品の雰囲気は〝久松情緒〟と呼ばれ、その久松情緒こそ観客が求めた〝宝塚情緒〟に他ならなかった。そして少女歌劇の行き詰まりや『中女劇』と『少女劇』との間の深いヂレムマ」（前掲「久松情緒の諸断篇」）の中から生まれた傑作が、大正九年（一九二〇）に発表した『お夏笠物狂（なつかさものぐるい）』であった。

『お夏笠物狂』は、古来数多（あまた）の文芸作品の題材となってきた「お夏清十郎」の駆け落ち事件をベースにした歌劇である。作曲は東京音楽学校出身で帝劇歌劇部に所属していた原田潤。お夏は篠原浅茅と高濱喜久子のWキャスト、お夏の乳母・お幸は初瀬音羽子（はつせおとわこ）。バリトン歌手だった原田による「むかう通るは清十郎ぢゃないか　笠がよう似た菅笠（すげがさ）か」という追分節の影ソロもあった。

「若い女が恋をするのが何の恥、何の曲事、夫だのに薄情な似偽仁義の世間ではさも面白さうに二人の上を云々」というお幸の台詞が少女歌劇に相応しくないと批判された。「あれは名代の浮気後家ぢゃ」「亭主が死でから三度も父なし子を産んだのぢゃ」というやり取りもあれば、ヒロインのお夏までもが「色情症」呼ばわりされた。しかし、それ故に『お夏笠物狂』はそれまでの少女歌劇のイメージを覆す斬新な作品でもあった。

『お夏笠物狂』が斬新だったのは、全三場のうち、物語は清十郎を失って正気を喪ったお夏がお幸を卒塔婆で刺す第二場の盆踊りの場面で終わってしまい、第三場を丸ごと、追分節をモチーフにした「笠の幻覚」という幻想シーンに当てたことである。歌人の高安やす子も、「脚本といひ、作曲といひ、まるで今迄の物からはなれたものであった」（大正一〇年一月号「『お夏笠物狂』の印象」）と絶賛している。

大正9年秋季公演『お夏笠物狂』のお夏・篠原浅茅(左)とお乳母のお幸・初瀬音羽子

> 四辺は総て鼠色の建道具　幻覚の笠を使ふ踊手が一人、二人、五人八人九人と現はれたり、消えたりして笠を使ひます。其間をぬって、お夏は狂ひに狂ひまわるのです。
>
> （『お夏笠物狂』ト書きより）

この時の印象を小林はこう記している。

盆踊は久松氏独特の派手な賑かな

所が大受けである。（略）舞台暗転して、「笠の幻覚」。（略）神秘なる働作と、狂女の眼にうつる笠の幻、六ケ敷い舞踊とその音楽、此大胆なる計画が、兎も角も観客の非難を呼ばない丈でも既に大成功と思ひます。私は笠の幻覚に於て、久松一声氏の天才に敬意を表したいと思ひます。

（大正九年一一月号「歌劇場の客席より」大覚菊福左衛門）

新しく開場する大劇場における作品のあり方を巡って、小林と久松は誌上で激しく対立することもあった。しかし二人の信頼関係とお互いに対する敬意は終生変わることはなかった。

楳茂都陸平（一八九七〜一九八五）

久松と並び称された楳茂都陸平は、父・楳茂都流二世扇性の名代として、宝塚音楽歌劇学校に招かれた。単に舞踊教師に留まらず、脚本作家・振付師匠・道具衣裳・演出・舞台監督を一人でこなし、七夕踊・田楽舞など古典舞踊の復興的発表を行い（大正一〇年一〇月号「楳茂都陸平君を送る」寺川信）、自らもピアノを習って西洋の楽典を学び、日舞と洋楽との調和融合を試みた。

大正六年（一九一七）処女作『屋島物語』を発表したのは弱冠二十歳の時だった。翌年には中国清朝の音楽を取り入れた『羅浮仙』、『徒然草』に題材を採った『鼎法師』が次々ヒット。大正一〇年（一九二一）正月公演では京都・深草に実在した〝雀乃おやど〟をモデルに『雀のお宿』という作品を作った。その年の春季公演に雀のお婆さん（八五歳）が観劇に来た旨が、劇団日誌ページに記されている。なお『雀のお宿』のモデルとなった家はすでに建て替えられているが、同地には現在もご子孫の方がお住まいのようである。

音楽の研究にも余念がなかった。「三味線連中に洋楽の知識は殆ど皆無であり、洋楽家は頭から和楽の欠点のみを挙げて単調であると蔑す」（大正一二年三月号「新舞踊に就て」戸澤信義）という時代に、ストラヴィンスキーの『火の鳥』のレコードを聴いて感激し、三味線も「チントンシャンといふピチカットの音を改め、何とか永くレガートに出る工夫をしなければならぬ」として、「弓で擦るか又はマンドリン、バラライカの様連続にチリチリチリと弾じる方法をとるか」と具体案まで提示している（大正一〇年六月号「日本舞踊の新機運」）。

そして大正一〇年（一九二一）の春季公演に発表されたのが、「新舞踊」のパイオニア的作品として、今なおその成果が語り伝えられている『春から秋へ』である。二匹の蝶の誕生から、やがて季節が移り、二匹が死んでしまうまでをバレエ形式で描き、伴奏は謡を排した洋楽のオーケストラのみとした。それは謡の付いた能狂言、浄瑠璃の付いた歌舞伎、長唄・清元による所作事と、歌詞付きであることが当たり前だった日本人にとっては画期的なことだった。

二匹の蝶は、白い蝶の瀧川末子と黄色い蝶の秋田露子。舞台の情景を「高声低声」への投稿文から拾ってみよう。

> 春の若草の萌え出づる頃、初めて此の世に生を享けた二つの蝶が、次第に其の生の喜びを享楽し始める。そして夏から秋の始めへかけては、其の喜びの頂点にある。秋になって木の葉の散るのも知らずに、歓楽に酔ひしれて舞ふてゐる。けれども冷たい秋風が身にしむ様になると、美しかった羽も次第に色あせて、舞ふてゐた蝶も皆散り散りになってしまふ。そして木枯が吹いて、二つの蝶が相抱きつつ死んで行く。（大正一〇年五月号）

『春から秋へ』というタイトルは岸田辰弥の発案だった。これに対し小林案は『還元』という「えら

大正10年3〜5月〈一部〉『春から秋へ』の白い蝶・瀧川末子（右）と黄蝶・秋田露子

く六ケ敷いもの」であったという。変化に乏しい、冗漫に過ぎるという欠点はあった。照明の使い方にも課題は残った。光線の変化で季節の移り変わりを表現できなかっただろうか。背景も衣裳と調和せず、もっと象徴的な淡い色のほうが良かったのではないか。しかしこの作品が新舞踊という新しいジャンルの可能性を切り拓いた作品であることは間違いなかった。

この年の一一月、歌舞伎サイドから新舞踊の形を模索していた二代目・市川猿之助（一八八八〜一九六三）が、東京・明治座で新舞踊『虫』を発表した。宝塚とは直接関係ないが、面白いのでちょっと寄り道してみよう。

黒幕に薄を大きく模様式に描き、紫苑と女郎花の切出しを二つ左右に配した舞台装置は簡素でいい。そしていろいろの虫が楽げに戯れ遊ぶ中、風が現はれて一疋も残らず吹き殺して了ふ。（略）理想のものでない未成品であっても、猿之助の真摯な努力と一同の可なり訓練された統一ある動作は、同情を惹附ける力がある。（大正一一年一月号「お手本は宝塚少女歌劇〜猿之助の新舞踊『虫』〜」）

一五名の踊り手が横になりながら、旧漢字の「蟲」という漢字を作るという趣向もあった。ということは、傾斜のついたいわゆる〝ヤオヤ舞台〟だったのだろうか。伴奏音楽は当初尺八だけのつもりだったのが、あまりにも寂しすぎるので、三味線・琴・胡弓の和楽器に木琴・オルガンなどの洋楽器を加えた。『春から秋へ』と同じく歌詞はなかった。良きライバルの意欲作ということで、大阪公演を鑑賞した宝塚の作家たちも評を寄せている。

◎坪内士行……芸術品としては未完成だが、見物の要求を満たした点で成功してゐる。乱雑でまとまっていないが、そのガサガサ感の中に熱と力が籠(こも)っている。尺八は成功しているが、西洋楽器でよく似た音を出せるなら、主要楽器にする必要はない。

◎久松一声……まだ洗練されていないが、面白い。背景をシンボリカルなものでやるならば、種々雑多な色彩の衣装では、あの背景には相応しくない。バレエは『春から秋へ』のほうが優っていた。

◎岸田辰弥……（薄(すすき)の葉に乗って登場する）猿之助が虫の王様のようになっていたが、あの振付は考えもの。背景の野菊が萎(な)えていくならば、薄も何とかして欲しいし、光線もそれにふさわしい色を出したらよいだろう。

（大正一一年一二月号「春秋座の『虫』に対する合評」より要約）

『春から秋へ』や『虫』の後にも、新舞踊の試みはこの時期次々と発表されている。今日当たり前のように観ている宝塚やＯＳＫの舞踊劇や日本物のショーの様式は、これらの新舞踊運動から生まれたものと見て間違いないだろう。

坪内士行（一八八七〜一九八六）

坪内逍遥の甥。逍遥の養子として、琴や三味線、日舞、狂言などの英才教育を受ける（後に離籍）。早稲田大学文学部英文科卒業後、米ハーバード大学で演劇を学び、イギリスでは自身が俳優として舞台にも立ったこともある演劇界のサラブレッドだった。

その一方で逍遥が決めた許婚がいたにもかかわらず、彼を追って来日したアメリカ人女性と結婚し破局、帝劇女優との噂、そして小林一三から招かれて来た宝塚で花形生徒だった雲井浪子と結婚するなど、本業以外で世間の耳目を集めることが多かった。

その坪内が招聘された当初の目的は、宝塚音楽歌劇学校の〈専科〉で男性団員を養成することであった。しかし男性を交えた新劇団の構想は早々に潰えてしまい、坪内は少女歌劇の生徒を指導し、いくつもの作品を発表していくことになる。

当時は珍しかったグローバルな視点と演出技術、この時期坪内が誌上に発表した論文はいずれも示唆に富み挑戦的、文体は平易で、今読んでも面白い。しかしながら肝心の舞台作りとなると、時に主張や表現があまりにも尖り過ぎ、とりわけ「赤とんぼ」のペンネームで発表した時代錯誤歌劇[5]『八犬伝』（大正九年）には批難が集中した。

『南総里見八犬伝』の「円塚山の場」を題材に採った坪内版『八犬伝』は、「とざい、と〜ざい」「とざい、と〜ざい」という合唱に続く、〈プロローグ〉という役名の語り手の口上から始まった。

「語られまするアーチスト高峰妙子太夫、篠原浅茅太夫、高砂松子太夫、右人形遣ひを兼ね、出遣ひにて相勤めまする。人形替各ミス文子、ミス末子、ミス露子、ミス君子三味線――いなオーケストラはお馴染の一団、その他人形や人形遣ひ兼帯の太夫大勢罷出でまする……何？や、失敬失敬。今すぐエンドにするよ」

文楽の形式を借用して、人形の犬山道節(どうせつ)は瀧川末子。その妹で犬塚信乃(しの)の許婚の浜路(はまじ)が秋田露子。このあと舞台は一応「円塚山の場」のストーリーをなぞるが、追手・土田土太郎(とだのどたろう)のソロからだんだん怪しくなってくる。

「うぬが盗んだ名剣村雨(むらさめ)チョイと抜きゃパラパラ、ヒラリと抜きゃサラサラ、水や氷でアイスクリーム、とけてべたべた砂糖水、甘茶でかっぽれ、そりゃならん」

これに続く〝道行(みちゆき)〟の駄洒落に至っては、曲がりなりにも古典の様式を踏まえているとは言え、カーブがキツすぎて完全に脱線しているとしか言いようがない。

「おらが会社の名をまねて、実践急行スピード出しても、さう梅田とは行きゃせぬぞ。石橋叩いて渡らぬと、箕面有馬で爪はじき。そこで宝のカ、、、ええ、塚もねえ。手を空(むな)しくして帰るが分別。兵庫々々腕立(うでたて)ひろぐが最後、取捕(とつつか)まへて旧温泉、怪我したって新温泉キュッキュッキュッ。停電。暫くお待ちを願ひます。ピリピリ。さあ、まだ此上(このうえ)に電車ばると容赦はならん、神戸を取るぞ。大阪いなか歌劇派め。何とか返事を、エエ、試運転。何とも、返事がない。こりゃどうやら眉唾物(まゆつばもの)になって来たぞ」

これを受けて〈プロローグ〉役が、

「今少し内容あり、意義あるものと思ったればこそ、敢てプロローグの労を取ったれ、こんな内容の陳腐、形式の矛盾した、見た目ばかりの旧劇の模倣を何時まで喜んでゐようぞ。我々は目醒めてゐる。我々は精神向上に資する新芸術を求めつつあり。嘗て独逸の詩聖ゲーテ曰く（……）フヱルフォン、ヒール、イン、ワイテン、ワイテン*6――忘れた。然し要するに芸術は芸術である。昔出雲のお国なるダンサーが――おい、もう此の芝居はやめ給へ。此の暑いのに。さ、早く幕を下ろした」

だめだこりや。

土太郎のセリフから、昔の阪急電車は停電でよく停まったんだろうなとか、「大阪いなか歌劇派」というのは、ロシアの情勢を反映しているんだろうなとか（別の号には「露国の過激派政府」というような表現が出てくる）、やっぱり夏の公会堂劇場は暑かったんだなとか、当時の世相もろもろが透けて見えはするのだが、案の定、批判の矢はすぐ飛んできた。「終わり方が乱雑」「観客をバカにしている」「あまりの馬鹿馬鹿しさに目をそむけざるを得ない」、ついには罪悪とか卑劣であるとまで言われたらしい。

あまりにネガティブな反響の多さに、坪内は「問題としての時代錯誤歌劇」という文章を寄稿するに至った（大正九年一一月号）。

「八犬伝」は決して大阪仁輪加でもなく、浅草式の俗受けでもありません。（略）百人の見物の中、所謂温泉場気分で見に来る六十人の客は、あの形式をも無邪気に面白がって見てゐますし、所謂真の芸術を研究しようと云ふ十人位の客は、あれを見て真面目に考へ味ってくれます。ただ百人中の卅（注・三〇）人程がいろいろと攻撃し、フザケ過ぎるとか、客を馬鹿にしてゐるとか云はれるのです。

六割のお客にはウケていたのだ。「元来宝塚少女歌劇は当局者と見物と両方が持ちつ持たれつ、云はば親類交際で仲よく話しあった風にして成長して来たもの」であり、「むつかしい理屈や芸術論」を振りかざす一部を除いて、大半の観客は温泉気分の〝宝塚情緒〟を求めているということを、坪内は百も承知なのである。その上で、次第に現れてきている矛盾なり時代錯誤なりを調和し協定していきたいのだと坪内は言う。「お下げの髪の癖に、衣裳や道具は写実で行って矛盾を感じないか？」

この章の最初に掲げた、まさに「不調和」であり「矛盾」である。「多少の矛盾はあるとも」少女歌劇は少女歌劇であって欲しい、と孔雀小路は言った。坪内自身別の所では「宝塚少女歌劇登場者は悉く(ことごと)お下げであるべきだ」とも書いている（大正一一年一〇月号「丸髷(まるまげ)を論じて少女歌劇の将来に及ぶ」）。しかし一方で、表現者としての葛藤やフラストレーションがある。だからそうした矛盾や時代錯誤をデフォルメしパロディ化して見せ、問題提起したのだと。

結局のところ『八犬伝』の問題は、少なからぬ観客の需要をあえて読み違え、自己

大正9年『八犬伝』の犬山道節・瀧川末子

主張の形を故意に誤ったということだったのだろう。だから「アイスクリーム」をやめて、「キュッキュッキュッ」も「ピリピリ」も取って、ワケのわからんドイツ語を日本語に訳せばいいというものではないのだ。現に六割の客は喜んでいるではないか。坪内についてこんな評が残っている。この時期の坪内作品の真髄を言い表したものだと思われる。

どこかうぶな幼稚な、従って技巧の中に、一種の羞恥を帯びた様な巧みさがあると思ふ。而して作者自らも完成作品としてよりも、試みとして、即ち多くの未来を予想する一つのアドベンチュアとして観客の前に提出すると云ふ態度がある（略）だから観るに一層の骨が折れる。これは単に科白の上でだけではなく、情味の上に於ても、滑らかさが無い。

（大正一三年五月号「士行一声二氏の作品」寺井龍男）

それ故に「おもわくの違った様な感じ」や「一種の不快な感じ」を与えてしまうこともあるのだが、そこに「その作品の未来もあり、また生命がある」と寄稿者は結んでいる。ところでこの頃、坪内は「歌劇」に次のような寄稿をしている。現代にもそのまま通じる内容だと思うので、少し長くなるが抜粋して紹介しよう。

今の日本全体の時代思想は混沌として向かふべき途を知らない。金力万能を信ずる人々の考へる以上に、吾々人間界には金で解決のつかない問題が無数にある。そして其の金で解決のつかないところにこそ、吾々人間としての貴さが籠ってゐるのを忘れてはならない。然るに、人間相互の間の一から十までを物質的な方面からのみ解決しようとするから、赤化思想や直接行動や黄金崇拝熱が湧き出すのだ。
富むも貧しきも皆平等と云ふ必要はない。富む者は富む者らしく、貧しきは貧しきらしく、賢きは賢く、愚かなるは愚か相当の待遇なり権利をえるのが至当であるが、それ等が皆、分相応の力をもって協同和合する事こそ最も望ましい事ではないか。（大正一四年六月号「時代思想と演劇」）

昭和八年（一九三三年）坪内は再び『八犬伝』を発表した。「対牛楼の場」に題材を採り、犬坂毛野＝門田芦子、犬田小文吾＝小夜福子、鈴子＝勿来なほ子。人形浄瑠璃の枠組みやスノビッシュかつ独りよがりなギャグを排した、端正でオーソドックスな舞台であった。

岸田辰弥（一八九二〜一九四四）
岸田は帝劇歌劇部の第二期生である。大正四年（一九一五）七月修業、帝劇洋楽部解散後、ローヤル館そして浅草オペラの舞台で活躍した。大正九年（一九二〇年）、坪内士行を指導者に迎え、小林が少女歌劇とは別に設立しようとしていた〈男子養成会〉の第二期生として、白井鐵造と共に宝塚に入団。なお大正八年（一九一九）八月号には、「岸田辰弥氏六月三〇日教師として入団」とあり、それまでの経歴から見ても、単なる研修生ではなかったようだ。
堂々とした体格で、入団後二年で体重は更に七・五キロ増えていた。写真と狩猟が趣味で、阪急西宝線（今津線）沿線の甲東園（兵庫県西宮市）に建てた洋館の自宅に猟犬を二匹飼っていた。なお「麗子像」で有名な画家・岸田劉生（一八九一〜一九二九）は実兄である。つまり麗子嬢の実の叔父さんである。
少女歌劇に新風を吹き込むべく招かれた岸田だったが、浅草出身ということで当初は色眼鏡で見られ、かなり風当たりも強かった。「あの学校も岸田、金などと云ふ人々が入った為、大分にみだれて来た様だ」（大正九年三月号）と名指しで流言を飛ばされた。金は作曲家で声楽教師だった金健二。同じく作曲家で器楽教師だった夫人の光子と共に音楽歌劇学校で教鞭を執っていた。

岸田の処女作『女医者』は〈浅草式〉とレッテルを貼られ、「低級俗悪」とこき下ろされた。しかし次の『毒の花園』は賛否が分かれた。

『毒の花園』は、先祖が復讐のために毒液で培養した花が咲く庭園の持ち主である〈老いたる女〉が、美しい我が娘を使って、花園に近付く者を次々と殺すというのが基本設定である。これだけでも少女歌劇の枠組みから十分逸脱していると思うが、とりわけ初瀬音羽子が演じた〈老いたる女〉の台詞や笑い声、紅い唇がいけなかったらしい。しかしながら、

> 岸田氏の作と云ふからには無理もないが、名からして浅草式の「毒の花園」、上品否高級なのか、下劣なのか（略）歌劇としての筋の運び方、及び蝶の精の舞踏の美くしさ、又夜の精に扮した二人のトーダンスの御美事々々々。（大正九年六月号）
>
> 恋だの愛だのの大安売の歌詞、安っぽいダンスの連続。（同）
>
> 今季の孰れの作品より勝ぐれて、一番大胆。（同）

賛否両論というよりも、少女歌劇としての岸田作品に対し評価を下すのに戸惑っている、というのが正解かもしれない。京都・岡崎公会堂での公演時には、新聞に「青春の血に燃ゆる青年子女の心を唆（ママ）り立て耽溺生活を夢想せしむる虞はないかと所轄川端署で注意中」と書かれた（大正一〇年九月号「『犬の停車場』の作者に」）。もっとも実際に注意されたのか、それとも注視しているだけだったのかは不明である。しかし、ともあれ『毒の花園』の舞台は美しく、蠱惑的だった。

時も所も、さだかならぬ或国の出来事。不可思議な熱帯植物の密生したる花園は、夜明け近く紅の光に包まれて居る。夜の世界を我物顔の胡蝶等は、美しい花の精等と戯れてゐる。次第に夜は遠ざかる。妖精共は何処ともなく消えうせる。ついに夜は明けはなたれた。

（『毒の花園』ト書きより）

青柳有美は、『毒の花園』の舞台面を「カレードスコープのやう」と評している。少女歌劇として如何なものかということはあるにせよ、浅草で培われた岸田の脚本・振付・演出技術は、間違いなく観客の心を捉えたのである。『毒の花園』の次の喜歌劇『正直者』を、小林は「浅草風の上品」と評した。

『毒の花園』の老いたる女・初瀬音羽子

大正一一年（一九二二）の『山の悲劇』は、足の不自由な孤児トニオと、彼が想いを寄せる幼馴染みスザンナ、そして都会の青年アルバノの三角関係の悲劇。最後にトニオがアルバノとスザンナを刺殺してしまう場面はあらずもがなという声もあったが、その年の東京公演の演目に選ばれ、翌々年にはパラダイス三階の小劇場でも再演された。

大正一三年（一九二四）七月宝塚大劇場が

完成。これまでの劇場とは全く勝手の違う四〇〇〇人収容の劇場で作家たちが試行錯誤する中、大正一四年（一九二五）正月公演で岸田が発表した、旧約聖書外典『ユディト記』に題材を求めた『ユーディット』は、大劇場に相応しい初めてのソフトだった。岸田の持てるものが大劇場の舞台で花開き、そして岸田の時代が到来したのである。

「ユーデット」は岸田氏宝塚へ来て以来、空前の傑作（略）少女歌劇としての理想のグランドオペラは、先ず此位迄ゆけば大成功と言って可なりである。二場共、舞台装置申分なし。登場の大勢が動き、座り場所、出入等何等眼障りもなし。踊り子の静な曲線美の溶けるやうなダンスも嬉しかった。

（大正一四年二月号「正月公演批評」大菊福左衛門）

竹内平吉（一八八七〜一九七二）による音楽も、「日本人としては、これ以上の作曲は何人にも出来まい」と言われるほど賞賛された（同前）。

『ユーディット』の大ヒットに勢いを得た岸田は、ついにビゼーのオペラ『カルメン』を手掛ける。大正一四年（一九二五）八月雪組公演、カルメン＝有明月子、ホセ＝白妙衣子、ミカエラ＝夢路すみ子、エスカミロには花組から高峰妙子が特別出演。もちろん女声だけの上演で、しかも五本立ての一本だった。三時間以上かかる原作の二場と三場をまとめるか、三場を丸ごとカットするかあれこれ考えたが、結局各場から少しずつ削ることにした。訳は口語と文語のチャンポン。岸田は本当は自分もホセ役で出たかった（大正一四年八月号「『カルメン』上演に就て」）。

こうして上演された少女歌劇による『カルメン』は、とりあえずは好評をもって迎えられた。「何んで不完全な女声ばかりでオペラの真似なんかしなければならないのか」（大正一四年九月号）という声

もなくはなかったが、

大切な曲までカットして演奏しなければならなく余儀なくされてはゐるが、又一面にバレーやら演技の上ではなかなか良い出来栄を示してゐる為に、宝塚独特の感じを持った物として見られる処が多くあった。

（大正一四年九月号「雑話『カルメン』」高木和夫）

無理といふ一語に尽きる（略）だが私には面白かった。日本でこれだけのものを見せて貰えれば満足ですね。

（同号「八月雪組公演短評」加茂春風）

「高声低声」には「こんなに短時間でこんなに良いものが観られ様とは、ほんとに想はなかった」「大物が出ましたな。今に其処いらのゴヂャゴヂャ物は止めっちまふかも知れぬ」という称賛が。そして歌壇欄にも『カルメン』を詠んだ歌が何首も並んだ（同号）。

青きひを浴びて踊りぬカルメンの紅きかざしに淋しさの湧く（千代女）
彼の目ゆえホセは虜となりにけり怪き力カルメンの目（勝子）
ミカエラのいとしき姿見まもりてわれは幾度か涙ぬぐひし（佐藤敏枝）

どれもこれもあまり巧いとは思われないが、『カルメン』の舞台に感銘を受けたことは伝わってくる。しかもよく見ると詠草はすべて女性作で、中には「豊たけき頬の色香の失せぬまに我も死にたしカルメンに似て」なんてのもあって、当時の女性ファンは奔放なカルメンに儘ならぬ自らの夢を投影させていたのかもしれない。

『カルメン』がこれほど観客にウケたのは、前出・高木によれば、「全曲を通じて名高い一節二節は其辺（そのへん）の小僧さんの口笛にさへのる位に良く知られてゐる物」だったからである。「恋は野の鳥」「闘牛士の歌」などがそれであろう。そして「他の『オペラ』も皆かくある物と思ふ事は少（すくな）くとも早計である」とした上、高木は「男声を入れる事が目下の急務である」と提言、岸田もまた「宝塚グランド・オペラ団」の創設を提唱する。以下要旨を記す。

――宝塚は少女歌劇だから、それに終始しておれば良いが、相当の年齢に達した者の道を作るべきである。せっかく育てて、他所（よそ）にやるのは勿体（もったい）ない。少女歌劇ではない「今一つの組織」を作るべきである。宝塚には音楽歌劇学校と完全に近いオーケストラがある。あとは多少の経済的奮発と男生（＝男子生徒）の育成である。男生は現在の男性教師と楽士。これに現生徒を選抜して、研究・発表することは無意義ではないだろう――（大正一四年一〇月号）。

オーケストラは大正一二年（一九二三）、オーストリア出身の音楽家ヨーゼフ・ラスカ（一八八六〜一九六四）の指導のもと宝塚シンフォニー・オーケストラが結成され、普段は月・雪・花に分属している団員が集結する形で、翌年から演奏会を開催していた。一一月号の「歌劇」に掲載された「特撰『宝塚新風景』（教師の巻）」というイラスト（画・芦屋三朗）では、農夫姿の岸田が「歌劇界をボツボツ耕しにかかろうかい」と言っている。

しかし岸田の構想には、やはり絶対反対の声が大きかった。

宝塚少女歌劇に対して男優加入など鹿爪（しかつめ）らしい事を言ふ者は、悪く言へば、一種の自己礼讃に対する虚栄心から起（おこ）ったのである。（略）若（も）し男優加入すれば、少女歌劇の名称も情緒も消えてしまふ。それで宝塚の生命も終わりだ。

（大正一四年一〇月号）

宝塚の歴史の中で何度も出てくる男子加入論は、推進派の主張は「少女歌劇の中に男性をまぜるのではなく、少女歌劇とは別のチームを作る」ということなのだが、これに対し反対派の言い分は「少女だけの夢のパラダイスに男性の影が見えること自体あり得ない」ということであり、それぞれの主張が食い違ったまま、結局潰えてしまうことの繰り返しだった。

前出「八月雪組公演短評」の筆者の加茂も、高木同様に「カルメンだから大評判なので、グランド・オペラだから大評判なのではない」として、

グランド・オペラばかりやったら、帝劇の二の舞になる危険があります。(略)大部分の人々は芸術を求めてゐるんぢあないと言っていい位です。慰安です。娯楽です。家族同伴の清遊(せいゆう)です。宝塚へ来るとただ楽しいんです。(同・九月号)

と堂々正論を述べ、「コンマーシャリズムもいろいろ批難されますが(略)芸術は尊く、政治経済は卑しいという議論は不感服ですな」と付け加えている。

ここで〝グランド・オペラ〟という言葉について、いささか補正しておく必要がある。加茂はこの文章の中で、宝塚少女歌劇が上演した『カルメン』を〝グランド・オペラ〟と言っているが、これは正確ではない。〝グランド・オペラ〟とは全編歌で綴(つづ)られるオペラのことだが、宝塚少女歌劇の『カルメン』は歌と歌をセリフで繋ぐ〝オペラ・コミック〟(ビゼーの原作は実は最初この形だった)であり、現在のミュージカルのような音楽劇だった。ビゼー作曲のちゃんとした西洋のオペラということで、加茂はあまり認識のないまま〝グランド・オペラ〟と書いてしまったのだろう。

同年一一月、岸田は再び雪組で今度はヴェルディのオペラ『トラビアタ（椿姫）』を発表。カルメンはまだしも、高級娼婦であるヴィオレッタを少女歌劇の生徒に演じさせて大丈夫だったのかと思うが、それは岸田も承知の上だった。

少女歌劇には無理だと言はれるかもしれない。無理といふ点では、カルメン以上に無理かもしれない。だが私たちには、ウチの生徒にも、かういふよい音楽があるといふことを知って貰いたい。そして益々勉強して貰ひたい。無理でもいい、どの点までウチの生徒の力で演じ、活かすことが出来るか、それを試してみたい。

（大正一四年一一月号「演出者の希望」）

果たして幕を開けた『トラビアタ』の舞台は、『カルメン』よりも遥かに完成度は高かった。とりわけ夢路すみ子が演じたヴィオレッタの歌が素晴らしかった。当時まだマイクもスピーカーもなかった大劇場で、ピアニッシモを客席の隅々まで聴かせた。

胸にさす紅の花このひとのなさけごころのしるしとやみむ
離りゆくひとの歌声紅ゐの胸の花をばふるはして消ゆ

（大正一四年一二月号「椿姫　夢路すみ子」）

しかし残念ながら多くの観客には、やはり『トラビアタ』はあまりウケなかったようだ。「『カルメン』に拍手して喜んでゐた見物は、『トラビアタ』にあくびして泣いてゐた」（同号・「高声低声」）。前奏曲の途中で拍手して開幕を促す者もあった。時期尚早と言うよりも、新温泉の客層には〝グランド・オペラ〟はやはり合わなかったのだろう。

年が明けて大正一五年（一九二六）一月、小林の命を受けた岸田が欧米に外遊することになった。高まりつつあった海外公演の機運を受けて、どんなソフトがふさわしいか現地の劇場を視察し、興行主と交渉に当たることが主な目的であった。果たして男性加入を前提とした新劇団設立の構想は再び先送りになった。青柳有美はこんなことを書いている。

岸田先生は、芸術だとか何んだとか余り小六づヶしい理窟を稽へられず、純然たるレヴヰウの作家を以て任ぜられるがよろしからうと思ひます。意趣なんかは何うでもよろしい。何んでも目サキの変った面白い珍らしいものを世界中からウンと寄せ集めてきて、之をレヴヰウに仕組み、前ウケ専門のものばかりを見せるやうにして戴きたい。（大正一三年九月号）

かくて昭和二年（一九二七）九月、欧米視察から帰朝した岸田が発表したのが、宝塚に空前のレビュー黄金時代をもたらした『モン・パリ』である。

＊1　『皇帝と魔女』（昭和三七年）の主題歌「愛の歌」（白井鐵造作詞／吉崎憲治作曲）など。
＊2　少女歌劇の男役断髪第一号は宝塚ではなく、松竹楽劇部のターキーこと水の江瀧子（一九一五〜二〇〇九）である。
＊3　元生徒の振付師・謝珠栄のように、脚本・演出・振付を一人でこなす者もいる。
＊4　昭和四九年（一九七四）にリバイバル上演された『虞美人』（昭和二六年初演）における男声ソロが最後のものだろう。
＊5　「時代錯誤歌劇」という〝形式名〟は、小林が同年八月号に発表した「時代錯誤歌劇論」のパロディであることは間違いないだろう。
＊6　ワーグナーのオペラ『タンホイザー』第二幕の一節〝Ferm von hier, in weiten, weiten (Landen)〟（ここからずっと遠い、広い広い国で）らしい。わかるか!!　（ゲーテは無関係）

第4章

音楽歌劇学校 そして火事

宝塚音楽歌劇学校での声楽の授業風景

学校設立

大正八年（一九一九）一月六日、「宝塚音楽歌劇学校」（以下音楽歌劇学校）が設立された。校長は小林一三。公会堂劇場の開場は、この年の三月である。これより音楽歌劇学校在校生および卒業生で「宝塚少女歌劇団」が組織されることになった。

音楽歌劇学校の前身は、第一回公演の前年の大正二年（一九一三）七月に編成された「宝塚唱歌隊」である。宝塚唱歌隊は一二月、唱歌だけではなく歌劇の上演を目指して、「宝塚少女歌劇養成会」と改称された。学校として認可されるまでに出願から三年を要したが、それには少女歌劇というものに対する世間の無理解と、地元の反対も大きかったようだ。

兵庫県の当局者は「宝塚は農村であるのに、学校組織になって生徒が沢山に増加し、華美な空気が侵入すると、純朴なる善良なる田舎の風俗を害するから困る」「生徒を舞台に出すのはイケない。卒業生ならば兎に角、修学中の生徒が紅粉を粧って舞台に立つから困る」と云ふ二理由の許に今以て認可にならぬと聞及ぶ。（大正八年一月号）

当時新温泉のある武庫川左岸は川辺郡、旧温泉側の右岸は武庫郡に属していた。確かにその頃の写真を見ると、温泉街をちょっと離れれば、駅の周辺には小さな森のあるのどかな田畑が広がるばかりである。川辺郡の郡長（宝塚市の発足は昭和二九年）の発言として、「農村の娘達が、花やかな女生徒の生活を羨望して生徒になりたがるものが多くなると困るから反対だ」とも。女学生に女優のマネゴトをさせることへの抵抗感というのもわからぬでもない。

いっぽう地元住民だけではなく、味方であるはずのファンからも反対論が上がった。

学校になったが為めにクダラヌ干渉を受けて、芸術の理解力に乏しい小役人に頭を下げてペコペコするのは馬鹿らしいとは思ひませんか。（略）官僚の規則的な、意気のない、生命（ライフ）のない頑迷な範囲内に自から好んで道に入らうとする歌劇団の当局者の常識を疑ひます。若し宝塚の少女歌劇が学校になって、新時代の空気に接触し得ない俗吏の干渉を受くる時は、即ち歌劇団の寂滅する時であると預言いたします。

（大正八年一月号）

そこまで言わなくてもと思うが、ここに感じ取られるのは、官憲による拘束を厭う、自由を希求する大正デモクラシーの時代の気風である。だがちらちらと情報を流し、強硬なる反対意見を載せつつも、結局自分の行きたいほうに話を持って行くのが小林の常套である。果たして大正七年（一九一八）の年の瀬も押し詰まった一二月二八日、宝塚音楽歌劇学校は認可された。

・宝塚音楽歌劇学校は、範を東京音楽学校、仏国歌劇学校にとり、学科を予科一年、本科一年、研究科に分ち、予科に於て一般音楽に関する学科を教授し、本科に於て稍専問的に（ママ）音楽、歌劇に関する学科を修得せしめ、研究科は専ら其専修科目を研究せしむべく別に年限を限定せず。
・本校生徒たらんとするものは、小学校又は女学校卒業十四才以上のものにして、試験の上入学許可せし者は、別に授業料を徴収せず、楽器を貸与し、相当手当を支給すべし。
・本校生徒は又宝塚少女歌劇団の一員として、本校に於て修得したる処を実習発表し得べし。

（大正八年四月号「宝塚音楽歌劇学校の設立」）

学校のスタッフは校長／小林一三以下、嘱託／坪内士行、教員／高木和夫・原田潤・楳茂都陸平・金健二・金光子、幹事／林藤之輔、理事／吉岡重三郎ら。

授業料が不要であるどころか逆に給金が支給され、しかし学校なので公演はあくまでも〝実習発表〟であるというタテマエである。その手当ての金額だが、ずっと後年になって高峰妙子が語ったところによれば、米一升一二～一三銭の時代に、日給二円五〇銭も貰っていたらしい。条文中「生徒は又宝塚少女歌劇団の一員」ということは、設立当初、学校と劇団とは一体だったということである（昭和一四年に「宝塚音楽舞踊学校」と改称して学校と劇団を分離）。

それはそれとして、認可にあたっての当局側の言い方が振るっている。

> 宝塚少女歌劇は兎に角現代青年男女の憧憬の的となって居って、自然其思想に影響する処甚大と認めるから、学校許可の出願があったを幸ひとして、今後当局に於て大に監督指導する積りで、議論はあったが許可した訳である。
>
> （大正八年四月号「無謀なる哉学校組織」大野廣太郎）

あくまでも上からの物言いであり、もしこれが当時の平均的な役人像だったならば、「芸術の理解力に乏しい」「小役人」「俗吏」と言いたくもなるだろう。

授業そのものは大正七年（一九一八）一月から既に始まっていた。原田潤による声楽、高木和夫による器楽演奏、楳茂都陸平による舞踊という、民間では望むべくもない充実した三部授業が実施されていたが、当初は「生徒」である少女たちに、実習発表の場である舞台で〝プロ意識〟を持たせることは、なかなか難しかったようだ。

宝塚音楽歌劇学校での日本舞踊の授業風景

（『鞍馬天狗』で）火を持ってゐた天狗が木の蔭で火を消して座るときに、一人の火が中々消えなかった為に、他のものが頻りに後ろ向いたりして気を揉んでゐましたが、あんなのは舞台の上では慎むべきことです。（大正八年四月号）

これなんかは幼い生徒の気持ちはわからぬでもないし、何となく微笑ましくもあるのだが、

舞台の上の少女達は笑ったり話したり、或はせりふの言ひ廻はし、彼の居所、座り位置なぞ、随分規律のないのには驚入るのである。も少し厳重に一々たしなめてはどうでせう。（大正九年一月号）

名指しの叱責も多かった。

我愛する沖野石子よ（略）舞台を不真面目に、時々笑ふからいけない。舞台は戦場ですよ。―

生懸命に演じてゐる時、笑ふ余裕がありますか。（大正八年一月号）

石子、（吉野）雪子等はよく笑ふ癖があっていけない。殊に他の人達にも影響を与へるので尚いけない。（同・四月号）

有明月子はもう少し真面目にして欲しい（略）貴嬢は紐をいぢったり、方々見廻してゐましたね。（同前）

他にも舞台から観客と顔を見合わせて笑ったり、コーラスボックスから特別席の外国人客にちょっかいを出したり、中には、

ステージで主役の方二三人が私語されたり、急に雲隠れをなさることがあります。（大正一二年一月号）

私語や笑ったりするのは百歩譲ったとしても、主役が舞台からいなくなったりすることなんてあり得るのかと思うが、本番中ですらそうなのだから、就業時間外については、なおのこと躾が行き届かなかった。

生徒の大部分が大体に於て余りて粗野に育てられて、女としての一通りの行儀作法にも心得ぬものが頗る多く、普通学の素養の至らぬ点は見て居ても、冷々する位である（略）歌劇生徒の不行儀な事は、彼等の通学の電車の中で見ても、実に見苦しい程である。（大正八年一月号「これ果して学校組織か」大野廣太郎）

僕は込合った電車の中で歌劇の女生徒三四人がポリポリと立喰をしてゐるのを見て、お行儀のわるいのに驚いた。そうして、何んだかベチャクチャと合って（ママ）無作法に笑ひ崩れるを見て、何といふ下等な奴だと腹が立った。

（同前）

ファンの目はこんな所にも及ぶ。

何といふふしだらでせう。わたしは昨日の日曜日に歌劇を見にいそいそと廊下を急いで参りますと、歌劇の生徒サンが、アラレもない、男の先生と（たしかあの方は男の先生でせう）ふざけながら笑ひ崩れて、ぞんざいな言葉で話しながら行き過ぎるのに遇ひました。澤山な見物人がゾロゾロしてゐる中で（略）モッとお行儀をよくしたらどうでせう。

（大正九年三月号）

生徒の父兄からの投書によると、授業中菓子を食べる生徒までいたらしい。東京音楽学校やフランスの歌劇学校を範とすると言いながらも、実態は程遠かったようだ。かと思えば、

貴団之諸嬢之一身上なり行状に付て、今少し厳格に外よりの誘惑に対抗し得る様に致して頂けないでしょうか。帰り道の車中に於て、見知ぬ学生等と談話を交へ居るのを時々見受け申します。

（大正八年八月号）

話ぐらいいいのではないかとも思うけれども、第2章のせいきのような不良もいることだし、何よりも学校は生徒を守らねばならなかった。

「生徒」は「女優」にあらず

大阪日日新聞に「カフエー征伐」という記事が掲載された。記事に曰く、「元宝塚少女歌劇第五期生外山直子が、不良青年中川某を中心に、当年の高峰（妙子）、高濱（喜久子）の両人と恋を争ひ、終に勝利者となったが、それが為に堕落して、今では大阪新世界井筒ビヤホールの女給となって、多くの青年を誘惑してゐる」。「果してさう云ふ人が居り、さう云ふ事があったのでせうか」（大正一〇年九月号）という「歌劇」読者からの質問に対する劇団からの回答はこうである。

幸に左様した事実の無かったばかりでなく、第一に外山直子なる方、又は相似た人も当団に居なかったことをお答して、御安心をお願することにします。近頃よく「私は宝塚にゐた」などと為にする嘘を吐いて廻る人の生じる迄に隆昌して来たことは、又一面慶祝すべきです。（同前）

この件はこれで終わりだったが、この二年後に講談社との間で大騒動が勃発している。大正一二年（一九二三）六月号に掲載された『講談倶楽部』の記事に対し若菜君子外三名から訴訟を提起したる事に就て」という報告記事から経緯を辿ってみよう。

「講談倶楽部」四月号に「恥しい私の初恋の思出」（以下「初恋の思出」）というタイトルで、春日花子・若菜君子・秋田露子・天津乙女ら現役生徒が、自分の初恋や異性観についてあたかも自ら告白したような記事が掲載された。

激怒した小林は「新聞雑誌の取消記事なぞは世間に信用がないので、法廷に黒白を争ふより外に途がない」と、講談社社主・野間清治、編集人・淵田忠良を相手取り、名誉回復の訴訟を東京地裁に起こした。同誌は他にも「宝塚少女歌劇花形女優初舞台の思出」という記事の中の「女優」という呼び方を巡って、歌劇団から抗議を受けたばかりだった。

この訴えに対し、講談社・野間社主から直々に小林に書状が届いた。原文のままだと読みづらいので、嚙み砕いて要約すると、『初恋の思出』は、文名ある某氏の寄稿によるもので、『宝塚少女歌劇花形少女の実話』と銘打たれ、少女諸氏の署名にて記述されたものを、一字一句訂正を用いず掲載した。氏は少女雑誌や婦人雑誌に宝塚の記事も寄稿しているし、坪内士行氏とも懇意である。少女諸氏とは了解あった上での記事だと思っていた」。つまり信用できるライターの文章なので、何の疑いも無くそのまま掲載したという主張である。

ツッコミどころ満載だが、重ねて曰く「ご迷惑を掛けてしまい、お怒りはごもっともである。ウチは真面目な雑誌です。訴状を見て驚いている。裁判沙汰になったら永久の反目であり、お詫び広告はまた話を蒸し返すことになるので、ウチの雑誌に少女諸氏の美談佳話を載せ、全国の新聞に広告を掲載するということで如何(いかが)か」。

無論小林もこんな妥協案で引き下がるわけにはいかない。「記事は処女の名誉を棄損し、将来にも多大な損害を及ぼす。そんなことでは本人も父兄も憤懣(ふんまん)しているし、責任者である私も同意しかねる。新聞各紙に謝罪広告を載せられたい」

争点は二つあった。

①「初恋の思出」は事実無根であること

②宝塚の少女たちは「女優」ではなく「生徒」であること

この件について二回の口頭弁論が行われたが、①のほうは、ライター自身が「四少女の告白の如く書いてあるが、実は告白でなく、本件の記事にあてはまるやうな事実はありません」と申し立てて、あっけなく黒白は明確となった。

しかし②のほうは、講談社側が粘った。大阪毎日新聞社（以下大毎）が発行している『婦人宝鑑』には、宝塚少女歌劇に出演している少女のことを「女優」と明記している。これを見ても、宝塚の少女が生徒ではないことがわかる。彼女らが「女優」であるならば、記事の内容が事実無根のいい加減なことであっても、名誉棄損として咎められるには及ばないのではないか。女優という職業がそんな風に見なされる時代だったのである。

もちろん小林は引き下がらない。

「それは（『婦人宝鑑』の）筆者の誤解であるに違ひないから、其筆者を証人として申請したい」

『婦人宝鑑』の発行元である大毎の学芸部記者が引き合いに出され、宝塚の少女が女優でなく学生であることは所轄の兵庫県庁も事情を知る者も認めて疑わぬところであると証言。こちらの勝敗も明白となったところで、大毎の高木専務が両者の間に入って、仲裁することになった。

大毎は歌劇団とは足掛け一〇年大阪慈善歌劇会を実施している仲であり、いっぽう「講談倶楽部」は大毎にとっては広告を出稿してくれる大切な得意先である。宝塚側は慰謝料を請求しているわけではなく、いっぽう講談社側も不注意・手落ちを認めている。

というわけで、大毎・高木専務が会見の労を取る形で、六月末日東京日日新聞社において、小林と講談社・野間社主との手打ちが行われた。小林も事実無根が世間に知られたら満足であり、謝罪文の要求には固執しないとの由。大毎紙上の経緯報告記事をもって両者の和解とした。「悪感情の縺れ合はうとした難事件も、之で解決を告げることになった」と七月二五日付の大毎の記事は結んでいる（大正一二年九月号「講談倶楽部に対する訴訟の仲裁に就て」小林一三）。

宝塚音楽歌劇学校の外観全景

気分を変えて、音楽歌劇学校の校舎と行事の様子を覗いてみよう。大正一一年（一九二二）七月、春に落成したばかりの新校舎講堂で行われた平賀敏阪急社長（一八五九〜一九三一）の講話が「歌劇」に掲載されている（大正一一年八月号「生徒諸嬢へ」）。

> 四五年前迄の当校の有様といったら、教室も少く設備も行き届かず、甚だ貧弱な憐れなものでありまして、お隣りの温泉場内の汚ない事務所のそのまた傍に、教員生徒同居とも申すべき、小さな豚小屋のやうな教場が二つ三つあっただけで、誠にみぢめなものでありました。それが数年後の今日では、見らるる通り二階建の七つも教場を有する立派な学校となり、その進歩発展を考へると殆んど夢のやうで、全く隔世の感が致します。

平賀社長はこんなことも言っている。

> 諸君は一生懸命に勉強して得たる芸術を直

ちに広く公衆の前に発表して、自ら楽しみ、併せて世人を慰め且つ楽ましむるといふ立派な事をして居るのであります。言葉を換へて言ふならば、自己の趣味を公開し、それと同時に社会の風教を改善するの事業に従事してゐるのでありますから、各自に大いに自重して頂かなければなりません。（略）仮りにも世人が女優などと軽蔑したならば、一笑に附し去って専心一意、斯道の為めに熱心に進まれんことを、私は切望して止まないのです。

新校舎が落成した大正一一年（一九二二）、初の運動会が開催された。

生徒と内部スタッフたちだけの運動会は、二年前の五月に開かれている。当初小林校長邸宅の庭で開催予定だったのが、雨天のため近くの老舗料亭「めん茂楼」の百畳敷の大広間に会場を移す。「めん茂楼」は池田文庫南側の旧・能勢街道沿いにあった。

大広間ではスプーンレースや男性スタッフのパン食い競争があり（畳の上でやったのか）、模擬店ではイチゴ、サイダーや寿司、お汁粉、関東煮、先生たちのためのビヤホールまであった。お汁粉と関東煮はイベント時の定番である。午後から雨が上がったので、屋外に移動した。男子部の相撲や福引もあった。

さて大正一一年（一九二二）六月五日、来賓を招き公式行事として初の宝塚音楽歌劇学校運動会である。七月号に掲載された堀正旗によるレポートより要約して紹介しよう。実態不明の競技名も多いが、雰囲気を味わっていただきたい。

――会場には赤や青の万国旗が翻った。受付は吉岡重三郎幹事、南部半山生徒監ほか生徒たち。来賓は平賀阪急社長、井上重役のご家族、小林校長、各先生の奥様方、川辺郡郡長、警察署長、市村座の田村専務らのお歴々。金健二先生のタクトによる『運動会の歌』で開会である。

待ちに待ちたる運動会
来れり、来れり！あゝ愉快!!
吹く風涼しく、日は麗らか
鍛へし技術、練りたる手並
正々堂々　いでいで示さん
真先きかけて　遅れはとらじ
真先きかけて　遅れはとらじ

新生徒の旗取り競争では天津乙女の妹が一着になった。前の年に入学したばかりの雲野かよ子である。スプーン競争、管弦部の目隠し競争、背進競争、途中降雨もあったが、夕立競争（高下駄に番傘をさして走るらしい）、喜歌劇以上の喜劇だったパン食い競争、写譜競争（生徒は全員楽譜が書けるのである）、絵画競争（天狗の画などを描いた）、提灯競争（マッチでローソクを点火して走る！）などの競技が次々繰り広げられた。

黒い法衣に菅笠で世捨て人の旅姿の久松一声の仮装もあった。これについては朝ひと悶着あった。僧侶の格好をして、普段は使わない宝塚の一つ手前の清荒神の駅で、いつものように顔パスで電車を降りようとしたら、車掌に止められた。

「若し若し、あなた切符は？」
「いいや、切符はいいんだ」
「切符をいただきます」

散々やり取りして観念した久松が、

「私は宝塚の歌劇団の者なのです」

「歌劇団の者ですって、冗談言っては困りますよ。歌劇団にそんな坊さんなんかゐる筈がありません。出鱈目を言ふのもいい加減にして下さい」

電車の窓から様子を見ていた他の乗客も怒り出す。

「早く電車を出せッ」

「坊主のくせに図々しい奴だ」

あまり手間取るので、ついに運転手がやって来て、

「おい、一体どうしたんだ？」

「坊主のくせに無賃乗車をして置きながら、歌劇団のものだといふのです」

車掌にそう言われた運転手は久松の顔を穴の開くほど眺めていたが、車掌の耳に口を寄せて、

「おい、君、此方は歌劇団の久松先生だよ」

（大正一一年七月号「新消息」）


再び堀のレポートに戻ろう。来賓令嬢らによる徒歩競争では、当時はまだ珍しかった洋装も見られた。買い物競争、運針競争という競技まであり、実態はよくわからないけれども、いかにも良妻賢母っぽい競争である。男性職員の俵運び、魚釣り競争では舞台の道具方が作ってきたセットで紙製の魚を釣った。来賓の競争には、丸髷の岸田夫人、洋装の坪内夫人（元生徒の雲井浪子）、小林夫人、吉岡夫人らも参加した。

休憩時間の模擬店では、サイダー、ビール、おはぎ、寿司、アイスクリーム、ひやしたてのイチゴ、関東煮、お汁粉などが出た。模擬店は引換券制度で一人一品のみ、売り子は生徒たちで、イチゴには

ミルクか砂糖をかけて提供した。

余興では、吉岡幹事の令嬢と金健二&光子先生の令嬢二人が、タンバリンを片手にダンスを披露した。振り付けは前年に入団したばかりの白井鐵造先生。宝探しの賞品は金の指輪と化粧箱だった。最後は全員の綱引きでお開きとなった。

運動会の準備

運動会で必要なものや賞品は生徒たちが調達に行った。前項の運動会の二年後の音羽瀧子（おとわたきこ）による手記だが、面白いのでこちらも紹介しよう（大正一三年七月号「買ひものに―運動会の準備―」音羽瀧子）。

――大阪・心斎橋に買い出しに行った音羽たちは、必ず一度は値切ってみるものだと聞いて、提灯競争に使う一本二銭のローソクが五〇本一円になるところを八〇銭に値切ることに成功。これに気を良くして、雑貨屋で賞品の〝猿股（さるまた）〟一ダース一〇円を三ダース買ったのだが、おかみさんが不愛想だったので値切るのを忘れていた。これではいかんと今度は一円五〇銭の下駄を一円に値切ろうとしたところ、怒鳴られた。

「冗談云ひなはんな。真正真味の正札が貼ってありますのやで。うちで値切るやうなお客はとっとと帰って貰ひまひょう。高いと思ふたら買はんとおきなはれ。下駄はわしのもの、お金はお前さんのものや！」

少女たちが驚いて目をきょときょとさせていると、

「まァ、そやけど内密で二五銭だけ負けておきまっさ」

結局一足一円二五銭になった下駄を六足買うことにした。

「商売は愛嬌が好くないと駄目だわね」

鼻緒を付けている間、生徒らが聞こえるようにボソボソ言っていると、おかみさんがニコニコしながら、

「はあん、あんた達は何処の女学校の人だす。何かバザーでもやりはりますのか？」

「宝塚の音楽学校のものよ。運動会の賞品を買ひに来たの」

「あ、左様か。私もせがれも少女歌劇はいつも見に行きますのや……お前、この人達知っとるか」

おかみさんが店の隅で何かしていた一二、三歳の男の子に向かって訊くと、男の子は大きく目を見開いて、

「知っとるとも、知っとるとも」

「また、宝塚へいらっしゃいね」

世間知らずの生徒たちだが、下駄屋のおかみさんの大人の態度もあって、微笑ましいエピソードになっている。余談ながら、音羽はこんなふうに書いているけれども、生徒たちはこのような東京弁は絶対に使っていないと思う。

新校舎での新年会

大正一二年（一九二三）一月六日には新校舎で新年会が開催された。第一教室に用意されたうどんや関東煮や御飯で腹ごしらえして第二教室に移動すると、仮設舞台には緞帳まで設えられていた。瀧川末子による開会あいさつのあと、新生徒らの『伽藍先代萩』、槙野のぼるらによるチャップリンのパントマイム、月組生徒らによる『本朝二十四孝』、高砂松子の深川踊り、高峰妙子の「権兵衛の種子蒔き」、小林校長による奇術師・松旭斎天勝（一八八六〜一九四四）顔負けの手品が次々と披露された。『丹波与作』では岸田辰弥がお姫様の赤い衣装にかんざしを挿して「いやぢゃ、いやぢゃ」と

かむりを振った。他の先生たちは腰元役でばたんばたんと「双六踊り」。「花見拳（実態不明）」「金毘羅鬼（同）」の後は、沖津浪子・音羽瀧子による落語『共稼ぎ』、春日花子・稲葉とし子による黒人のダンス、そして花組の落語調『噂』。

教師たちも負けていない。久松は禿頭に紙のちょん髷を貼り付け、抒情的な日本物で定評のある小野晴通の小野小町は、オカメの面を被ってウォーウォーと狼のように吠えた。昨秋の名古屋公演時、生徒慰労の茶話会で大好評を博した教師らによる非歌劇『山の悲劇』を歌舞伎調で再演。吉岡幹事の音頭の下に万歳三唱をして、九時過ぎにお開きとなった。

火事そして突貫工事

こうして楽しく年が明けた一月二二日の未明、火災が発生した。

新温泉の浴場だけは焼け残ったが、公会堂劇場、パラダイス劇場、食堂、図書館、動物園、劇団事務所、つい二週間前に新年会を開いたばかりの新校舎も全焼した。

> 何たる悲痛の運命の戯れでありませう。寝ても起きても唯心の中に残る物は、懐しいあの宝塚のパラダイスあるのみなのに。号外を手にした儘、私は自失したものの様にすくんでしまいました。そして見る影もなき廃墟の様な楽園の事を想像したのみで、ぶるぶると身震いを覚えました。
>
> （大正一二年二月号「けたたましき鈴音」清水詩津美）

次号の「高声低声」には焼け跡の光景が投稿されている。

昨日まで立ってゐた歌劇場は黒い焼野ヶ原となり、舞台があった所はチョコンと高くなり、所々から煙がプスプスと立って居、変な嗅が鼻に迫る。松の木は竹箒の様にスックと立って居る。河原には黒い焼物があふれ出、昨日の面影は一つとしてのこっては居ない。ただ河の流れはサラサラと音を立てて居るだけでした。（同・三月号）

小林の対応は迅速だった。火事の二日後から焼け残った温泉を再開。二月の月組公演は中止し、わずか二か月の突貫工事で新歌劇場を仮設、三月二〇日からの公演再開を発表する。遠からぬ将来、公会堂劇場やパラダイス劇場に代わる大劇場を建設しようという構想があったのではないかと思われる。以前から「せせこましい細々とした粗雑無秩序な建築造物を一日も早く整理してもらいたい」（大正一〇年六月号）という声はあったし、超心理学者の福来友吉も「一大歌劇場を建設し、真個新時代の要求に合した芸術の殿堂となし、燦然たる文化の花を開かすべき日本歌劇の発祥地たらしめたいものである」（大正一一年二月号「歌劇は理想郷」）と寄稿していた。そもそも新温泉の劇場は片やプールを改造したものであり、片や箕面から解体寸前だったのを移築したものだった。

小林自身火災の直前に「新温泉側は理想的に建設することにしてゐる。即ち運動場、遊園地、テニスコート、植物園、簡易図書館、大歌劇場等、統一した計画のもとに進行したいと思ってゐる」（大正一一年一〇月号「生徒と其父兄へ」）と発表しており、劇場が全焼してしまったことは願ったり叶ったりと言うか、〝天来の妙機〟だったのではないだろうか。

ある人が小林に「さぞ残念で御座いましたらう」と言ったところ、負けず嫌いの小林が「何、焼けて反（却）って好いんです」と答えて相手を苦笑させているが（大正一二年五月号「大小取りまぜて」折風鐘人）、これは決して負け惜しみではなく、本心で言っていたのではないだろうか。当然火災保険には入っていただろうし、実際「タカラヅカは今度の火事で焼け肥りですよ」という者まであった（同・三月号「『宝塚』よ、又焼けてくれ」）。

それはそれとして、火災の原因は何だったのだろうか？　火事とは関係ないのだが、気になる記事があった。正月公演の演目の一本が、懸賞募集脚本に自分が応募した作品の剽窃すなわち盗作である、とクレームをつけてきた者があったのである。その経緯について、堀正旗が詳細に記している（大正一二年二月号「歌劇小野晴通作の『清水詣』は応募脚本の剽窃に非ず」）。

神戸の伊澤某が、小野晴通作の歌劇脚本『清水詣』が自分の『元禄花見踊』のパクリであると言って来た。それで早速調べてみたところ、『元禄花見踊』は到底上演には能わないものとしてボツにしたものであることがわかった。同一個所を強いて挙げれば、場面が清水であることぐらいで、登場人物も内容も全然別のものだった。そもそも応募作品は堀が一通り読んで良いと思ったものだけを選者に渡しており、『清水詣』の作者の小野は『元禄花見踊』を全く読んでいない。

堀は伊澤某を劇団に呼び、話を聴いた上で、盗作の疑惑や誤解は解けたと書いているのだが、果たしてどうだったのだろうか。同ページには小野が伊澤に宛てた手紙が転載されており、「偶然舞台面に取込んだ場所が一致して居る位の点で無暗と剽窃呼はりをされちゃ面喰ひますね」と書いているが、伊澤は「かういふ疑ひは私一人のみならず、世間でもさういってゐる」と主張していたらしい。こうした妄想はいつの時代にもあったのかもしれない。

動物たちの追悼会を開く

人的被害はなかったものの、可哀想だったのは焼け死んだ動物園の小動物たちだった。生徒たちの間でこんな話が持ち上がった。

「あの大きい歌劇場や、なつかしい学校や、それに可愛い猿や山羊やいろんな動物が、わづかの間に灰になってしまったかと思ふと、私は可哀想でたまらないのですわ」

「動物園の可愛い猿や、小鳥、山羊、兎などの動物がみんな焼け死んでしまったことを考へると、私可哀想でたまりませんわ」

その時、「きゃっ！　きゃっ！　きっきっきっ、きゃっ！」という声が聴こえてきた。「一寸来て御覧なさいよ。可愛い小猿がゐるんだから」。それは火事で焼け出された小猿だった。

火事のあと、音楽教師の金健二が焼け残った学校の書類を運び出す手伝いをして、寄宿舎に行こうと堤防を通りかかったところ、一匹の小猿が悲しげな声で鳴いていた。可哀想に思い、懐に入れて連れて帰ったのだが、押し入れにしまい込んでそのまま忘れてしまった。夕方押し入れから聞き慣れぬ叫び声が聞こえてきたので、恐る恐る開けて見たら、哀れな小猿だった。その猿が小樽高等女学校の教授だった遠藤たき子舎監先生の部屋に居たらしい。

「可哀想な動物の為めに、私達で追悼会を催してやらうではありませんか」

というわけで、舎監先生と春日花子と若菜君子が寄付金集めに取り掛かった。三月五日追悼会当日には関東煮のご馳走が出た。南部生徒監、美術の森田久の話、普段は話し上手な堀正旗は歯痛であまり喋れなかった。「ラッカサン（正しくは羅漢さん）が揃うたら廻さうじゃないか、ヨイヤサノヨイヤサ、ア、ヨイヤサノヨイヤサ」の歌声、二階からは面白そうな笑い声が聴こえてきた。ソプラノ歌手ジェラルディン・ファーラー（一八八二〜一九六七）のレコードの歌声も。


なんて今夜は楽しい追悼会で御座いましたでせう。きっと草葉の蔭で動物共は喜んで居りますわ。私共も嬉しう御座います。

（大正一二年四月号「追悼会の一夜」若菜君子）

楽しいとまで言われ、追悼会の本来の趣旨がわからなくなってくるけれども、四月号に掲載された「動物供養会」の写真では、ぼた餅か何かを備えた小さな祭壇のようなものの前で、神妙な面持ちの生徒たちが頭を垂れており、これで動物たちも無事成仏できたということにしておこう。

花組中国地方三都市公演旅日記

さて供養会の前月、仮設劇場の突貫工事最中の二月一五日から二二日まで、呉・広島・岡山の三都市で花組が公演を行った。その旅日記を、高砂松子・瀧川末子・春日花子・音羽瀧子ら四人の生徒がリレー形式で書いているので紹介しよう（大正一二年三月号「中国の主要都市をめぐりて」）。

最初に南部生徒監から「学校の規則だから、お土産は一切貰ふわけには行きまへんで」という注意があった。どうもこの頃生徒へのプレゼントがエスカレートし、お菓子やリボンやお寿司やおしるこぐらいならまだしも、金持ちのファンが指輪を買ってやったり、着物や羽織を作ってやったりということが問題になっていたようである。

ともあれ汽車は西に向かう。神戸の西、舞子の浜の老松の間からいくつもの帆掛け船がすべってゆく。淡路島がおぼろに見える。現在の明石海峡大橋のあたりだろう。姫路を過ぎた頃そろそろ退屈してきて、トランクを重ねて作った卓上でトランプが始まった。三十一、婆抜き、銀行ごっこ……「さ、報徳銀行の破産が近づいたぞ」「積善銀行のやうに潰してしまへ」。日本積善銀行は大正一一年（一九二二）に乱脈経営が祟って破綻、報徳銀行はその煽りを食らって休業に追いやられた銀行である。

岡山を過ぎたあたりで弁当が出た。毎日新聞に写真を撮られる。汽車旅行の定番「天狗俳句」もやった。「天狗俳句」は一般的には「天狗俳諧」で通っている、五・七・五をバラバラに作って組み合わせて楽しむ言葉遊び。「先生はうちどないしやうと鼻つまみ」とか「白鷺城大きなおいどを今日は」とかワケのわからないものばかりが次々と飛び出した。

海田市駅で呉行き列車に乗り換え。いつしか日はとっぷり暮れ、海上の灯火が美しかった。一時間で呉駅着、海軍御用達の一流料亭旅館だった徳田屋泊。軍艦勤務の士官が芸妓さんと「でかんしょ節」だの「磯節」だのどんちゃん騒ぎをしていて、やかましかった。

翌日一六日は「春日座」で公演。

その晩、ちょっとした事件があった。昨夜のどんちゃん騒ぎの海軍士官たちも公演を観劇していたらしく、深夜二時を過ぎてから、酔っ払った二人が生徒たちの部屋に闖入してきたのである。「昼間のお礼に我々が踊りをお見せしましょう。ああよいやさのよいやさ、よいやさのよいやさ」。仲居さんが止めてもやめず、岸田が降りてきて、酔漢たちはようやく部屋に戻っていった。翌朝制服姿で水兵に命令をしているところを見ると、どうやら大尉だったらしい。

この日は呉海兵団で魚形水雷（いわゆる魚雷）や機械水雷（機雷）を見物し、軍艦（戦艦）「金剛」に上船させてもらった。金剛の広報担当が「我々海軍の者は御婦人の参観なさるのを殊に歓迎するのであります」とリップサービスもしてくれるが、昨夜のことがあるせいか、生徒たちは思わず吹き出したりして、あまり真面目に聞いていない。

呉は線路のすぐ脇まで白い砂地が迫り、沖には沢山の軍艦が黒い煙を吐いていた。この日のうちに広島に移動。駅から七〇台の人力車で広島を代表する劇場の「寿座」に向かう。

広島の川は、大阪よりもキレイだった。天満川沿い、小網町の寿座は立派で新しいのに楽屋は汚かった。『徒然草』に題材を採った『榎の僧正』で、セリの穴に山川もみぢが転落、慌てて見に行くと奈落の廻り舞台の柱に寄りかかって転んでいた。ケガがなくて良かった。

一九日には宮島に行った。紙屋町から二両の貸切電車で己斐駅（現・西広島駅）に向かい、名物の〝大石餅〟を食べた。汽車に乗り換え、五日市、廿日市、宮島駅（現・宮島口駅）着。宮島では千畳閣、五重塔を回り、せんべいを買って、鹿や羊に投げてやった。紅葉谷公園の岩惣旅館で昼食。なお宮島を代表する宿の「岩惣」は、玄関母屋は生徒たちが訪れた当時のままに現在も営業している。

翌朝、広島の羽田別荘の食堂でコーヒーを飲んで、岡山に向かって発った。羽田別荘には、知る人ぞ知る「羽田別荘少女歌劇団」があった。これは当時問題になり始めていた宝塚少女歌劇団を騙る紛い物ではなく、本格的な少女歌劇であり、最盛期には五〇名余の団員を擁して東京、大阪、京都、神戸、九州、台湾、満州まで巡業公演を行っていたという。

岡山では十数台の車に分乗し、デモンストレーションを行った。宿は上之町の自由舎、劇場は「高砂座」。高砂座は小さくて汚く、しかも舞台の裏には墓地が広がっていた。

二一日には岡山公会堂で坪内士行と、宝塚少女歌劇のために『石童丸』という作品を書いたこともある大阪毎日新聞記者の橋詰せみ郎氏（一八七一～一九三四）の講演があった。せみ郎氏には後楽園内の西洋料理店・浩養軒で昼食をご馳走になった。ツアー最終日に音羽瀧子がふっと本音を漏らしている。

> 公演も今晩でおしまひだと思ふと嬉しくてたまりません。一杯観客のつまってゐる見物席を前にして、最後の奮闘を致しました。

楽しそうに見えるツアーだけれども、やはりいろいろ大変だったに違いない。

文芸諸家の批評が集まる東京公演と違い、中国地方三都市公演の公演評というべきものはほとんどないのだが、引率の坪内士行が、広島で聞いた会話を記録している。自作の『出世怪童』が終わって食堂でカレーを食べていると、隣席の四〇歳ぐらいの男性四人の会話が聞こえてきた。

「三時間も座り込んで待ってゐたから、眠くてたまらない」
「今のは筋が分(わか)らん」
「それは我々には分らないでも仕方はない」
「流石(さすが)に電気や衣裳などは美しいものだ」
「何も見ておかんことにゃ話が出来ん」

坪内は思わず嘆じる。

ああ、かうして大枚二円なり三円なりの金を払って三時間も座り通して待ってゐてくれた客もあるのだ。それに対して自分の見せたものは、何と云ふ方向違ひの相すまん物であったらう。此の無邪気な田舎人のために、自分はもっと違った、もっとあの人々たちの喜ぶやうな物を作ればよかった。

（大正一一年三月号「地方巡業を終へて」）

坪内は書く文章も作る舞台も、本音が過ぎて偽悪的に感じられるところがあるのだが、この時は観客の謙虚さに素直に感じ入っている。

こうして花組が呉・広島・岡山の三都市に続いて、京都、和歌山へ旅公演に出かけている間に、宝塚では定員一二〇〇名の新歌劇場、のちの宝塚中劇場が突貫工事で完成、三月二〇日、月組による柿落(こけらお)とし公演と相成った。

新聞の記事には、バラック式の仮建築を大急ぎで建てるといふ小林校長のお話しでしたが、来て見るとなかなかどうして、堂々たる建物であるには驚かされてしまった。あの瀟洒（しょうしゃ）なゴチック式の大きな建物が、わづか二ヶ月足らずの間に竣工したといふことは全く努力の賜物であると、心から感謝の念に堪えません。

（大正一二年四月号「新らしい木の香に噎（むせ）びつつ」山本住雄）

同じ号の読者からの投稿によると、新歌劇場は突貫工事のためか二階に上る階段周辺の造りは粗雑だった。指定席の椅子や二階席の両側は結構だが、二階正面の後方は配慮の余地あり。欄干（らんかん）が少し高すぎる。客席は段々に高くした方が良い。採光（ライチング）には一層の配慮が払われているが、神戸の聚楽館、東京の帝劇のような館内円形の建築ではなく、歌舞伎小屋のように四角張っているので、セリフや歌が四散して低く聞こえるのに対し、オーケストラの音は突発的、破裂的になってしまうということだった。

いっぽう前出「大小取りまぜて」の筆者の観劇レポートによれば、人目につきやすい劇場北側（花のみち側）は住友倉庫に窓をつけたよう。天井が少々高すぎる。二階正面席が少々出張（でつぱ）りすぎて、階下の後方が非常に陰気。舞台正面の枠の上にも彫刻が欲しかった。舞台の電気装置は贅沢。ただしフットライトのカバーの位置が高すぎて、顔ばかり照らす。電球は紅色・金茶・紫・緑・藍色の少なくとも五種あって、これはぜひ活用すべきである。

新歌劇場は翌年の宝塚大劇場開場と同時に「宝塚中劇場」と改称された。さらに八月に完成した新パラダイス三階の音楽室は「宝塚小劇場」として音楽会や発表会に用いられることとなった。劇場建築基準上、建物の三階に劇場を造ることは許可されておらず、表向きは音楽室だったが、ステージの間口は七間、奥行五間で定員四〇〇人の、実体としては劇場だった。

それにしても木造とはいえ、たった二か月で一二〇〇人収容の劇場を一から建てることができたのだろうか？　実は火事とは関係なく、遠からぬ将来のために以前から新劇場の青写真を作っていたのではないかと思うのだが、どうだろうか。仮設劇場として建てられたはずの中劇場は、その後「宝塚映画劇場」「宝塚新劇劇場」と名前を変え、昭和四七年（一九七二）その役割を終えている。

＊1　『大阪新名所　新世界写真帳』（大阪土地建物株式会社、大正二年）掲載の「井筒ビヤホール」の広告によれば「同店は新世界合邦（かっぽう）通りと玉水通りの南端角に在り、専（もっぱ）らカブトビールの如く堅き所と簡易なる洋食を以て、好飲家の喝采を博し居れり。電話南一二五九」。現在の「串かつだるま通天閣店」（昭和四年創業）の場所である。

第5章

松竹と少女歌劇いろいろ

大浜少女歌劇プログラム（昭和三年九月）

ライバル出現

この章では宝塚少女歌劇団からちょっと離れて、「歌劇」の記事に登場した松竹楽劇部をはじめとするこの時期全国に生まれたいくつかの少女歌劇団に目を投じてみよう。そうすることによって、宝塚の少女歌劇の形やあり方が、より立体的に浮かび上がってくるのではないかと思う。この章は、倉橋滋樹・辻則彦両氏の『少女歌劇の光芒　ひとときの夢の跡』（二〇〇五年、青弓社）を随所で参考にさせていただいている。

大正一〇年（一九二一）、東西の主だった芝居小屋を手中に収め、歌舞伎をはじめ興行の世界に一大版図を持っていた松竹が、「楽劇」というジャンルを開始すると宣言した。これは従来の歌劇とは一線を画するもので、本格的で芸術的な舞踊団を組織。大阪道頓堀に建築中の松竹座で、洋画封切り時に西洋音楽に合わせた舞踊を上演するという構想だった（『OSK日本歌劇団90周年誌　桜咲く国で〜OSKレビューの90年〜』）。

大正一一年（一九二二）四月、大阪・天下茶屋に「松竹楽劇部生徒養成所」が設立され（松竹の公式サイトでは一一月）、創設講師・スタッフとして、宝塚少女歌劇団から楳茂都陸平と原田潤、そしてオーケストラの団員だったピアニストの松本四郎が招かれた（同前）。「招かれた」というのは穏便な表現ではあるが、実質的な引き抜きである。

母が亡くなって以来ずっと休演していた花形スターの篠原浅茅が、楳茂都・原田らと共に松竹に移るという新聞の記事もあったようだが、篠原は静岡に嫁いだので、これは完全に誤報。しかし「宝塚は数名の教師、生徒を拉し去られた」「古参少女達の若干も松竹に加はると聞いております」という投稿もあり（大正一〇年一〇月号）、深入りは避けるけれども、長い歴史の中では宝塚↓松竹、松竹↓宝塚という移籍もあったようだ。

この事態に小林は「松竹が歌劇部を新設し、大金を投じて、我々と同一の新方面を開拓しやうと、決心するに至ったのは、劇界の為め祝賀すべきこと」「其創設者たる名誉を担ふ宝塚歌劇団の大勝利を裏書」「歌劇なるものが旧芝居を征伐し、日本全国を風靡し終り、国民劇のお株を奪ひ取るべき、前途を考へると、独り松竹と言はず、生駒歌劇団といはず、多々益々多からんことを希望する次第」「松竹の英断に感謝」（大正一〇年一一月号「新設せられんとする　松竹歌劇部の運命」公平逸人）[*1]と強がりを言っている。

なおここで小林の言う「生駒歌劇団」というのは、大正一〇年（一九二一）八月、奈良県の生駒温泉への集客のため造られた劇場で創作オペラを上演していた実在の歌劇団である。活動は数か月を待たず終わったが、宝塚と同じく養成学校も付設されていた。その後、関西各地のみならず日本全国に少女歌劇が次々と設立されるが、興行界のガリバー松竹に関する限りは、小林も内心穏やかでなかったに違いない。

> 私は宝塚に最影響するのは、（略）松竹楽劇団の新設だらうと思ひます。彼には偉大な劇場と、有福（ママ）な資力と、劇界に於ける絶対的権力を有って居ります以上、少なからぬ打撃はある事と信じます。其上彼は彼一流の怪腕を振って、宝塚を恐ろしい衰微の淵に落入れんとして居る事は、火を見るよりも明かです。もともと楽劇部の設立も宝塚の盛名を怨嗟み、其盛名を奪ふ目論みである事は、あらそはれ無い事実であると思ひます。
>
> （大正一〇年一〇月号）

ここまで来ると、被害妄想も甚だしいと言わざるを得ない。のちに松竹も舞踊から歌劇のほうに舵を切り、宝塚と華やかなレビュー合戦を繰り広げることになるけれども、少なくともこの時点では、新舞踊運動の波に乗って、芸術的舞踊団を目指していたのである。しかし宝塚側からの松竹に対する罵詈雑言は留まるところを知らない。

松竹は商売人である。(略)オーケストラなぞ今更新に育てるやうな面倒なことはやめるがよい。(略)宝塚なり、三越なりで育てて出来上った一人前の男に、金を見せびらかして誘惑するに限る。(略)宝塚の歌劇団たるものは、蛇に見込まれたやうなもの。

(前出「新設せられんとする 松竹歌劇部の運命」)

惜しむべし、(楳茂都氏が)宝塚を去って、商売専門の松竹に居っては、斯かる研究的態度を以て真摯に研磨することは絶望であらう。

(大正一一年一月号「お手本は宝塚少女歌劇」)

楳茂都君や原田君やオーケストラの連中が、餅を背負って砂糖の木に上るやうな松竹のウマイ事づくめに迷って宝塚を飛び出したところサテ、行ってみると話とは大違ひ、十二月から約束の月給はウント値切られるし、事々に意見は衝突する、女優は早くも其特色を発揮する、到底も前途見込がないので、遠からず喧嘩別れになるかしれないと思ひます。

(大正一一年一月号)

これらはほんの一部である。最後の投稿など本当なのか嘘なのか、噂話か伝聞か、それとも直接聞いたのか、要するに投稿者が言いたいことは、両先生が松竹とケンカ別れしたら、「海の如き大度量を以て」「どうか又宝塚で拾ひ上げてやって下さい」ということなのだが、いずれにせよ現在なら名誉棄損で訴えられかねない内容である。

それにつけても、繰り返し出てくるのは「松竹は商売人」という罵言だ。宝塚はあくまでも学校組織であり、西洋音楽を基礎としたあらゆる技芸を、「損得を離れて」研究結果として公演するのである。そういうイメージ戦略が行き届き過ぎて、ファンや読者がそれに洗脳されてしまったせいであろうと思われる。

では宝塚少女歌劇は連日満席、二部制を敷いて混雑を緩和せねばならないほど大当たりしているのに、何故これほど松竹を執拗に攻撃しなければならなかったのだろう。確かに当時の松竹は小林が言うように「日本の劇界に於ける、経営者としての唯一の権威」（大正一三年三月号「私が松竹の経営者であったならば」）であり、事実脅威であったのだろう。松竹側からしてみれば、電鉄から出発した新参の宝塚に少々食らいつかれたところでビクともしなかっただろうが。

思うに宝塚が松竹に攻撃を続けるのは、大入り満員の陰で、実は劇団や学校の運営があまり上手くいっていなかったからではないだろうか。

> オーケストラの男の生徒サンの中でも、F先生から引張られて松竹へゆく人が沢山にあるさうですが、（略）それは誘惑するF先生がわるいのではなく、宝塚の学校の方に、まだまだ信用が充分でないからです。（略）松竹のお給金は其時の景気不景気でアヤフヤのものであることは何人も知つてゐる。（略）不安定な松竹にゆくといふのは、宝塚の学校の方に権威が乏しいからである。
>
> （大正一〇年一一月号「男と女の対話」）

> 宝塚の歌劇団たるものも、余りにエラさうに言えないと思ふ。（略）学校だ、先生だ、生徒だ、といふ触れ前の堂々たるに伴はない内容の貧弱さが、松竹から馬鹿にせられる事になったのではないのでせうか。（略）先生同志の感情の衝突や、先生と生徒間の離隔（りかく）や間隙（かんげき）や、和衷（わちゅう）協同の美徳を欠いて居る。（略）これは実に小林校長の責任であるべきものだ
>
> （前出「新設せられんとする　松竹歌劇部の運命」）

二部制導入よりこのかた、花形生徒たちが過労のためにバタバタ倒れていた。劇団や学校内の軋轢（あつれき）は外部からは見えないが、舞台に立っているはずの生徒が何人もいないとなると、さすがにファンにも動揺が広がるだろう。内部の不安や不満が高じ、矛盾や問題が露呈しそうになった時、外部に敵を作って矛先（ほこさき）を逸（そ）らすのは世の習いである。楳茂都や原田が引き抜かれたことは確かに痛手だっただろうが、執拗な攻撃の背景にはこういうことがあったのではないだろうか。

松竹楽劇部ｖｓ宝塚少女歌劇

さて前述のように、松竹楽劇部生徒養成所の設立は大正一一年（一九二二）四月だったが、実はその半年前の大正一〇年（一九二一）秋に竣工したばかりの大阪・道頓堀「角座（かどざ）」で最初の試演が開催されている。この公演についてはＯＳＫ日本歌劇団の90周年誌には記載がないが、金健二夫人の光子の手記により、ある程度その内容を窺い知ることができる（大正一一年一月号「角座の楽劇を聴いて」）。

――最初は雨の降る日の午後の楽劇『王舎城』（日付不明）。王舎城は古代インドのマガダ国の首都で仏教の聖地である。グランド・オペラのような序曲がボックスから聴こえてくる。だが神戸・大阪・東京で公演したロシアのグランド・オペラで聴いたことのある旋律ばかり。役者は歌わない。『ファウスト』の一節が聴こえてきて、宝塚が一〇月二〇日から一一月三〇日まで第二劇場（パラダイス劇場）で上演中の『恋の老騎士』（東儀哲三郎作曲）の曲まで出てきた。

次いで一〇月二八日、楽劇『秋さらば』。セロのソロから始まって、何だか原田先生の音楽みたい……と思ったら、幕の中から本当に原田先生のテノールの歌声が聴こえてきた。メロディーは聴き慣らされた舞楽（ぶがく）式であり宝塚式。小さい踊り子が一四～一五人出てきたが、手足が揃わず、西洋音楽が理解できていないのか、管弦楽の音すら耳に入っていないようだった。
最後は一一月一三日、『狼火(のろし)』。管弦楽伴奏とあるにもかかわらず、幕開けから終わるまで、管も弦もピンともスウとも全く音がしなかった。前に座っていたお爺さんが、「一体今のは何や!!おかしな芝居やな」――

……とまあ、とりあえず〝楽劇〟ということで上演はしてみたものの、とても客に見せられるレベルには達していなかったのである。試演以前の試演と言うべきか、松竹がこの幻の〝第一回興行〟を記録から封殺してしまった気持ちもわからぬでもない。

ところで演目の『秋さらば』は、原田潤独唱／松竹管弦団伴奏によるレコードが心斎橋筋の酒井交声堂から発売され、あまつさえ歌劇の一一月号には「角座大当たり狂言」というキャッチ付きの広告まで掲載されている。一一月にレコードが販売されていたということは、遅くとも一〇月には製作していたのだろうが、九月二〇日から一〇月一九日まで原田作曲の歌劇『邯鄲(かんたん)』が宝塚の公会堂劇場で上演されており、この時期の原田の所属はどうなっていたのだろうか?

閑話休題。OSKの正史によれば、松竹楽劇部員の初舞台は、大正一一年(一九二二)一〇月、大阪・中之島(なかのしま)の中央公会堂における大阪朝日新聞社主催婦人会関西連合大会である。演目は『小さき謀(む)反(ほん)』『時』。単独公演ではなく、イベントの性格上男子禁制だったが、「新聞の記事によっても、又それを見て来た人の話によっても、大変よかったさうだ」(大正一一年一二月号)。次いで一二月、今度は大阪毎日新聞社主催慈善歌劇会で、歌劇『ジョコンダ』の「時の踊り」が披露された。

年が明けて大正一二年(一九二三)二月二日と三日の両日、松竹楽劇部は中之島・中央公会堂でついに第一回単独公演を果たす。舞台上の出演者は二六人。後援は大阪朝日新聞社だった。三日には宝塚から月組・花組一同も見学に訪れ、堀正旗も山本住雄のペンネームで公演の感想を寄せている。

楳茂都陸平氏と原田潤氏とが一年有半の苦心の後に生れ出た新舞踊であって、非常な盛会の裡に終りを告げたことは大いに悦ぶべきことであると思ひます。

（大正一二年三月号「松竹楽劇部の公演を観て―楳茂都陸平氏へ―」）

一年半の苦心ということは、前年四月の養成所設立前から、楳茂都・原田両は指導に当たっていたということだろう。以下同じ釜の飯を食った者への気安さと愛情があふれる評が続く。

――演目は『シンフホニー（ママ）』『舞踊小品三種』『或る幻想』『時の経過』だった。シューベルトの作品に振りをつけた『シンフホニー』が他の作品に比して、遥かに優れた出来栄えを見せていた。ただ全体を通じて「楳茂都氏の道楽」という感じを抱かされ、またパヴロワの影響と模倣が至る所に目についた。日本舞踊に立脚して西洋舞踊を加味するならいいが、西洋舞踊の基礎の上に日舞を建てようとするのは、考えるべき幾多の余地があるのではないか。

シューベルトの『シンフホニー』というのは、『未完成交響曲』のことだろう。なおロシアの伝説的バレリーナ、アンナ・パヴロワ（一八八一～一九三一）の来日公演は、前年の大正一一年（一九二二）だった。

小林も自ら〝敵陣〟に乗り込んでいる。

久しぶりで原田潤君の作曲新舞踊「ある幻想」を松竹座に見に行った。十七分間のあの随分長い間を、踊り子の出し入れによって面白く見せやうと苦心してゐる楳茂都君の努力に敬意を表したい。（略）幕切れのシインは美しく、感傷的であった。元来が松竹座のお客さんには、乍失礼、勿体(もったい)ないやうに思ふ。

（大正一二年一〇月号「頓珍閑話」）

実際失礼極まりない物言いだが、これは観客のレベルの差というよりも、少女歌劇と従来の歌舞伎ファンとの客層の違いと見るべきであろう。

松竹楽劇部と宝塚少女歌劇とそれぞれの特色は「高声低声」に投稿された「舞踊と歌劇、象徴と写実、詩と散文」という指摘（同・四月号）が、簡潔にして本質を衝(つ)いているものと思われる。宝塚がお伽歌劇から出発した歌劇団であったのに対し、松竹楽劇部はこの時期ブームとなりつつあった新舞踊に根差す舞踊団だった。舞台装置についても、宝塚が「写実過ぎて、それに色彩が馬鹿に強く、その上あまりに甘過ぎる」のに対し、松竹の背景は「表徴的(ひょうちょう)」「図案的」という評価だった（大正一四年一月号「宝塚の舞台装置に就(つい)て」左方一夫）。世の潮流は、写実からいわゆる表現主義に向かいつつあった。

そして大正一二年（一九二三）五月一八日、前日に開場した「松竹座」で、劇場専属第一回公演が開催された。ドイツ映画『ファラオの恋』、松竹映画『母』との併演で、演目は『アルルの女』。ビゼーの組曲を舞踊化したものだった。

松竹座開場式に楳茂都陸平氏振付、楽劇部生徒所演の「アルルの女」三齣(コマ)の舞踊を見て、日本人としてこれだけの西洋曲の舞踊化が出来れば、充分とせなければならない。（略）古曲を現代人がこれだけの解釈を試みたといふだけでも、アプリシヱイト（評価）するに十二分の価値を認めたのでありました。

（大正一二年七月号「剪灯新話」寺川信）

余談だが、青柳有美は松竹楽劇部第一回公演の出演者の一人に「玉津眞砂」*2という名前を挙げている（大正一四年六月号「ペラゴア読本（十二）」）。いっぽう宝塚にも葦原邦子（一九一二〜一九九七）、春日野八千代（一九一五〜二〇一二）の同期生に玉津眞砂という名ダンサーがいるのだが、どうやら同一人物らしい。そんなこともあったのである。

その後楳茂都は『ミニョネット』『淋しき禱』などの作品を発表していったが、映画との併演興行の中で芝居のほうにシフトチェンジしたい松竹と、あくまでも舞踊団として楽劇部を育成したい楳茂都との間に齟齬が生じ、楳茂都は再び宝塚に帰ってきた。足掛け四年振りとなる宝塚での新作は中劇場公演のお伽舞踊『火とり虫』。そこに描かれたのは前衛でありながら「宝塚情緒」が横溢する世界であった。かつて、楳茂都はこんなことを言っていた。

只願ふ所は、舞踊の名人にはなりたくない、生涯死ぬまで舞踊の研究家でありたい、即ち早く既成品になりたくない、どこまでも未成品で終りたいのであります。（大正一〇年一〇月号「私の思ひ出」）

東西の歌劇団いろいろ

さて宝塚少女歌劇の人気と成功を受け、大正時代の中頃から昭和の初めにかけて、各地に少女歌劇団が生まれたことは、章の冒頭に掲げた『少女歌劇の光芒』に詳しい。

同著で紹介されている少女歌劇のいくつかは、創生期の「歌劇」にも登場する。第三号掲載の「日本に於ける歌劇の現状」（大正八年一月号・落合一男）に掲げられているのは、

・宝塚少女歌劇団（大阪）
・東京歌劇座＆原信子歌劇団の合同公演（浅草・駒形劇場）

・オペラ座&旭歌劇団（浅草・日本館）
・永井徳子一派歌舞劇協会（大阪・弁天座）
・羽田別荘少女歌劇（広島）

一瞥してわかるのは、少女歌劇と浅草オペラとが混在し、この時期の日本の歌劇は混沌とした未分化の状態だったということである。少女歌劇を標榜し、少女らをメインにしながらも、男子が混在する歌劇団もあったようだ。

この寄稿の中で筆者の落合は、宝塚少女歌劇は「歌劇と言ふよりも、西洋楽を主とした歌舞劇」であり、これが日本の新旧劇に如何なる変化を与えるかという問題は興味深く、その点において意義あるスタートに立ってはいるが、将来〝日本の歌劇〟になれるかどうか、すぐには判断できない、としている。

落合が宝塚を観劇したのは大正七年（一九一八）パラダイス劇場の秋季公演だったようだが、「何処までも素人臭い不真面目な空気が舞台一面に漂ってゐる様に思はれた」「子供だからと言って許すことの出来ない懈怠や弛緩」「少しも緊張した芸を見せて呉れなかった」と手厳しい評も残している。

少女歌劇とは少し毛色が異なるが、大阪ミナミ宗右衛門町の「河合」という茶屋が、ロシアの曲馬団のダンサーを師として、「河合ダンス」という芸妓によるダンシングチームを結成している。大正一〇年（一九二一）一二月二五日初演、大正一三年（一九二四）春には東京・帝国ホテルの演芸場で公演を行っている。

帝国ホテルでの公演を鑑賞した青柳によれば、ダンサーは半裸体でタイツの着け方が下手、最年少は八歳の君子だった（大正一三年三月号「東京で河合ダンスを観る」）。演出家で演劇評論家の園池公功（一八九六

河合ダンス　帝国劇場公演宣伝小物（時期不詳）

〜一九七二）は、オリエンタルダンスは宝塚よりも河合ダンスのほうが上手いと言っている（大正一四年五月号「花組東京市村座公演批評」）。宝塚の生徒らも大正一三年（一九二四）一〇月二五日、大阪・中之島の中央公会堂で河合ダンスの公演を見学している。

いっぽう大正一三年（一九二四）大阪・堺に誕生した大浜少女歌劇団は、劇団内部の幹部やスタッフたちもかなり意識していたようだ。

Y「大浜少女歌劇とかいふものが生れたさうですから、まけないやうにしなくては困るよ」
H「大丈夫ですよ、宝塚の真似しか出来ないにきまって居りますから」
O「そう馬鹿にするから困る。宝塚とは又異った新しいものを作って見せると言って居るさうだから」
H「出来るものですか……」

大劇場が開場した大正一三年（一九二四）の企画会議でのやり取りである（大正一三年一一月号「教員室にて（十月公演合評）」）。Yは吉岡重三郎、Hは久松一声もしくは堀正旗、Oは新舞踊「踏影会」の作家で編集部に出入りしていた大島得郎か、あるいはこの年の春入社して作家兼音楽歌劇学校の教師となった大関柊郎か。このイニシャル座談会の座長Kは、もちろん小林一三だった。

大浜少女歌劇は、阪堺電気軌道が宝塚に対抗して創設したもので、大正一三年（一九二四）一〇月に堺の大浜公園の公会堂で第一回公演を行った。演目は『信太の狐』ほか。大浜公園と信太の森とは目と鼻の先である。当時同地は風光明媚な一大リゾート地で旅館が立ち並び、大正二年（一九一三）に阪堺電気軌道が沸かした海水に入浴する「大浜潮湯」というレジャー施設をオープンさせていた。『少女歌劇の光芒』は、宝塚と大浜の共通点として、次の三点を指摘している。

①宝塚は箕面有馬電気軌道（のちの阪急電鉄）、大浜は阪堺電気軌道（のちに南海電気鉄道と合併）という鉄道企業が創設した。

②宝塚には温泉があるのに対して、大浜は海水を使った潮湯。どちらの少女歌劇も自社の沿線に建設された保養施設のアトラクションとして誕生した。

③入場料を払えば、少女歌劇は無料で観劇することができる。

これではいくら宝塚が先駆とはいえ、否が応でも意識せざるを得まい。松竹楽劇部創設の際に楳茂都陸平・原田潤らを引き抜かれたというトラウマもあったかもしれない。座談会の出席者Hの口吻には、何となく焦りのようなものが感じられなくもない。

ともあれ大浜少女歌劇は評判を集め、公演会場を大浜公会堂から潮湯内の劇場に移し、昭和三年（一九二八）には一階席四五〇人／二階席四五〇人収容の新劇場を本拠地としたが、昭和九年（一九三四）室戸台風のため一帯が潰滅し、戦争を待たずに幕を閉じることになった。

東京少女歌劇と谷崎歳子

「歌劇」誌上には他に芦屋少女歌劇（兵庫）、大和屋少女歌舞連（大阪）、市岡少女歌劇（大阪／『少女歌劇の光芒』では「市岡パラダイス少女歌劇」）、鶴見花月園（神奈川）の少女歌劇などが見えるが、松竹楽劇部と同じくらい、あるいはそれ以上に頻繁に登場するのは東京少女歌劇だった。

誌上に東京少女歌劇が頻出するのは、青柳有美が自らを〝提灯持ち〟と揶揄するほど東京少女のスター谷崎歳子の大ファンであることを公言して憚らなかったからである。

> 毎度申すやうだが、「東京少女」の谷崎歳子君はエライものですよ。本年僅に十八歳で、才のある上に熱があり、熱のある上に深さがある。それで踊、唄、ダンス、芝居の四拍子が揃ってるんだからね。その上、人物までが又よく出来てるといふんだから、鬼に金棒ですよ。見渡したところ、あれ丈けの女優さんは、一寸見当らんね。「東京少女」だと思って軽蔑せず、「宝塚」の生徒さん達は、是非一度歳子君を見学すべきです。
> （大正一〇年九月号「弥次馬のいななき」青柳有美）

谷崎が所属していた東京少女歌劇というのはどんな団体だったのだろうか。青柳が連載で詳しく紹介しているので（大正一四年六月号「宝塚ペラゴア読本（十二）」）、他の資料を合わせて足跡を追ってみよう。

同団は大正五年（一九一六）一一月大阪天王寺の遊園地ルナパークで生まれた。その前に夏季公演を三か月行っていたという記録もある。設立したのは、アメリカ帰りで舞台監督兼振付担当の西本朝春と、軍楽隊出身で音楽担当の鈴木康義。西本はこの年の夏宝塚に依頼されて『ヴェニスの夕』という作品を提供しており、片や鈴木は兄が日舞の師匠だったため、和洋の音楽や舞踊の知識もあったという。

大正六年（一九一七）同団は上京し、「日本歌劇協会」という名称で四月一日から六月末日まで浅草・みくに座で公演を行う。七月一日からは有楽座で西本作の『小天使』『ヴェニスの夕』『フロラーの恋』『ラ・カーニヴール』を上演。なお『ヴェニスの夕』は、前年西本が宝塚のために創った作品である。少女歌劇を標榜しながら、若き日のテノール歌手・藤原義江も、戸山英次郎の芸名で出演していた。

東海道巡業後、一一月一日から今度は浅草三友館で活動写真の間に公演を行い、これが「東京少女歌劇団」の旗揚げとされる。『西比利亜の乙女』『燐寸売の娘』『コルシカの娘』『ヘレネの寸志』、宝塚風の歌劇『太郎の人形』『道成寺』『岩戸開』などを上演し、一二月二五日に一旦解散、翌大正七年（一九一八）二月に有楽座で「エムパイヤ歌劇団」、浅草・日本館では「アサヒ歌劇団」と名乗って活動を再開する。

浅草を離れ、横浜・横須賀を経たのち、名古屋を本拠地に再び「東京少女歌劇団」として、中国〜九州地方、朝鮮、満州、青島、上海の各都市で巡業を行った。そもそも宝塚の模倣として始まった少女歌劇だけに、宝塚の演目をほとんどそのまま上演してしまうことも多く、「日本歌劇協会」時代の有楽座公演には、宝塚少女歌劇と混同して来場する者もいたようだ。

上演目には剽窃作品も多かった。今も昔も宝塚ファンは多かれ少なかれ原理主義的なので、東京少女歌劇のこともあからさまに見下しており、「歌劇」に寄せられる投稿も辛辣を極めることとなる。

> 去月九日楽天地に於ける東京少女歌劇団の勧進帳の焼直しを演ぜるものを覗きたるが、其醜劣、一見嘔吐に堪へない様なものであった。
> （大正九年一一月号「素人の見たる宝塚少女歌劇」統亜書堂主人）
>
> 久松先生の作品『金平めがね』や『桜大名』『女曾我』などを、科白も歌詞もそっくりその儘

公演する東京少女は、純然たる模倣であって、到底創作に及ばないのは勿論、それは価値なき遊戯に過ぎない。

（大正一二年一月号）

宝塚の生徒サンをして東京少女を見せしむれば、其の余りに愚劣なる宝塚模倣に先づ一驚を喫せしめ、ひいては必ずや自惚の心を起さしめるであろう。

（大正一二年三月号）

青柳も東京少女の剽窃のことは十分承知しているが、これを敢えてあげつらって咎め立てすることはしていない。

朝集暮散にして恒無く、併も唄へぬ怪し気な巡業歌劇団ばかりの多い当節に於て、如何に「宝塚」の模倣にして、絶えず「宝塚」で上演された芸題を殆んど其儘上演してゐるにもせよ。（略）団員たる少女達に相当の技倆あるものを寄せ集め、不完全ながら唄やダンスや踊の稽古なぞをも奨励し、之まで随分苦しい中をも切抜けて今日に至ってゐるのである。

（大正一四年三月号「宝塚ペラゴア読本（九）」）

どこかしらん香具師の匂いのする東京少女歌劇と、公共事業たる鉄道会社がバックにいる宝塚少女歌劇と。しかしながら自宅に数千冊の蔵書があり、毎月のように洋書を取り寄せ、西洋の音楽事情に通じていた青柳は、宝塚の音楽の多くが西洋のオペラやオペレッタ作品からの借りものであることを、誰よりも知悉していたのではないだろうか。

東京少女歌劇団を先のように評価し、谷崎歳子を「稀世の天才少女歌劇俳優」と賞賛しながらも、東京少女の影の部分を青柳はきちんと書き記している。

鈴木氏が舞台監督として統率する此の少女歌劇団は、相当に内容も充実し、鈴木氏は此種の舞台監督乃至作者振付として、現今では「宝塚」以外の者では得難き適材であるが、唯惜しい事に、その手の内へくる将来有望であり、又その団体の呼物とし、花形として大切なる俳優である少女を順次に姦し、之を受胎せしむる悪い傾向がある。（同前）

不世出のスターとして将来を嘱望されていた谷崎歳子も、それによって前途を挫折させられてしまった。果たして谷崎は鈴木の子を出産したのち年下のバンドマンと結婚、そのバンドマンとの間に生まれた長女が歌手で女優の江利チエミ（一九三七～一九八二）である。

ニセモノ続出

全国で宝塚を模倣した怪しげな少女歌劇団が結成と解散を繰り返す中〝宝塚少女歌劇団〟を騙って興行する者まで現れた。関東大震災直後の大正一二年（一九二三）九月には鳥取県の米子で、宝塚少女歌劇を詐称する団体が〝東都震災救恤のため〟と鳴り物入りで〝琵琶入り歌劇〟を上演、本物を知らない観客を「宝塚々々と云ふが、あんなものか」と大いに失望させている（大正一二年一〇月号）。

琵琶入り歌劇はともかく、「琵琶少女歌劇」は、大阪千日前にあった娯楽施設「楽天地」のアトラクションとして、大正八年（一九一九）に結成された実在の少女歌劇団である。映画女優・田中絹代（一九〇九～一九七七）も在籍していた。大正一〇年（一九二一）一二月八日には宝塚の生徒たちも見学に訪れているが、大正一二年（一九二三）一月九日からの公演を最後に解散したらしい。米子の町に出現した偽宝塚少女歌劇団と琵琶歌劇団と関係はあったのだろうか。

ニセ宝塚少女歌劇団には、ついに逮捕者まで出た。
大正一二年（一九二三）四月号掲載の「宝塚少女歌劇団と称する団体の出現に就て」という記事によれば、中野興行社専属宝塚少女歌劇団松組が、佐賀や大分で巡業公演を行っていたという。大分の地元紙までがコロッと騙されて、「宝塚歌劇の花形三十余名有楽館で開演」という見出しで大パブリシティ記事を掲載した。

大分市活動常設有楽館では、別府入湯中の大阪宝塚歌劇の一粒選りの花形三十余名を特に招いて、十二日から三日間（毎夜六時）開演するといふ。定めし人気を博するであらう。
（大分日々新聞所載）

同号・高声低声欄でも、中野興行社専属宝塚少女歌劇団松組が徳山・防府・山口で公演を行い、『万寿姫』『ネイビーライフ』『お留守番』の各々パクリであるところの『安寿姫』『眠り草』『仮装会』という作品が上演された由、報告がなされている。作品の剽窃はまだしも、しかし、劇団名の詐称となると、さすがに見逃すわけにはいかなかった。

（宝塚少女歌劇団は）春には玄文社の主催で、また秋には東京時事新報社の主催で年二回の東京帝国劇場に於ける公演と、その帰途桜楓会（日本女子大学校の同窓会）の主催で名古屋に開演する外は、大阪毎日新聞社、基督教青年会等の慈善団体の主催に依って、大阪、京都、神戸等に於て公演するのみであって、それ以外は絶対に地方巡業に出掛けることはないのです。
（大正一二年四月号「宝塚少女歌劇団と称する団体の出現に就て」）

これ以外では先般の火災で歌劇場を焼失し、新劇場の突貫工事中に大阪毎日新聞の依頼で呉・広島・岡山の三都市、尚商会（地元の経済団体か）からの依頼により和歌山公演を実施しただけ、とあるが、この記事の前年の大正一一年（一九二二）にも東京公演からの帰途、静岡で途中下車して、開場したばかりの「歌舞伎座」という劇場でも公演を行っている。それはともかく、

宝塚少女歌劇団とは、宝塚音楽歌劇学校の生徒達が、学校に於て習得したる技芸を実地に発表し得る機関のために設けられたものであることは今更申上げるまでもなく（略）決して興行を以て目的とする団体ではありません。（同前）

しかしニセ劇団は九州や中国地方だけではなく、東北や北海道にまで出没し始め（大正一二年六月号「頓珍閑話」池田畑雄）、吉岡重三郎幹事名による謹告が再度掲載された。

現在宝塚には舞台に於て自己の技芸を発表し得るクラスは花組月組の外にはなく、松組だとか桃組だとかは存在しないのであります。（略）所謂宝塚少女歌劇団と詐称して興行するものは、何等の教養も品格も訓練もなく、ただ方々から狩り集められたる不良の徒であって、自ら我宝塚少女歌劇団とは選を異にしてゐるものであります。（同号・高声低声）

さすがにそろそろマズいと思ったのか、今度は宝塚歌劇団松組から分離したという触れ込みの「白樺歌劇団大一座」三八名が、京都・岡崎公会堂の花組公演直後に新京極の「相生座」で興行を行い、

「何と云ふ憎々しさでせう。何と云ふ図々しさでせう」と怒りの報告がなされたが（大正一二年七月号）、ついに下手人が逮捕される日が来た。

今年夏頃呉市春日座で興行した宝塚少女歌劇団が非常な（ママ）人気が好かったので、東京生れの中野豊次郎（四七）と云ふのが少女を集め、宝塚歌劇団と詐称し、九州方面を巡業してゐたのを発見し、宝塚の方より呉区裁判所に豊次郎を相手取り、業務妨害の告訴を提起してゐたけれど、本人行方が不明のため手当中であったが、十九日東京で逮捕され、二十二日呉に伝送され、広島刑務所呉出張所へ収容された。（大正一三年一月号）

逮捕時、中野は東京の早稲田劇場という小屋の興行主だったが、元はテキ屋だったらしい。本人不在のまま裁判所から罰金八百円（懲役六か月）を言い渡された。

女工たちの少女歌劇

この章の最後にアマチュアの少女歌劇を紹介しよう。

大正一〇年（一九二一）一〇月頃、鐘淵紡績兵庫分工場の女工らによって歌劇団が結成された。大正一一年（一九二二）の団員数は六〇余名。オーケストラは男工により組織され、久保田万太郎氏（一八八九～一九六三）の『春の訪れ』の上演に向けて稽古を重ねていた（大正一一年二月号「鐘紡女工の歌劇団―近く久保萬太郎氏の春の訪れを公演する―」）。

「女工哀史」の時代にあって、鐘紡の工場労働者の福利厚生は信じられないほど充実していたらしい。従業員のモラルが仕事を向上させる大きな要素であるということを前提に、モラルを高めるにはどう

鐘淵紡績兵庫支店の娯楽堂の外観と客席。立派である。

あるべきかということを細部にわたって調査し、指示と指導を行っていたという（昭和六三年一〇月発行『鐘紡百年史』）。

明治四二年（一九〇九）に制定された「鐘淵紡績株式会社職工待遇設備」には、「教育に関する設備（学校・幼稚園など）」「衛生に関する設備（病院・転地療養所など）」と共に「職工慰安に関する設備」が記され、「第一　娯楽室／第二　運動会／第三　休日・休養地の慰安方法」とある。女工らの歌劇団は、この第三の休日の慰安、レクリエーションの一環として始められたものであろう。

鐘紡の兵庫支店構内には明治四一年（一九〇八）に竣工の、ステージを備えた娯楽堂があった。鐘紡は当時の一五〇万円を支出して全工場に娯楽堂を建設したらしい。『鐘紡百年史』に掲げられた兵庫支店娯楽堂の外観写真を見ると、室内プールを改造した宝塚のパラダイス劇場よりも公会堂劇場よりも立派である。〝鐘紡女工歌劇団〟はここでの上演を目指していたのだろう。

『春の訪れ』が無事上演されたかどうか、上演された舞台がどうであったか、「歌劇」にも『百年史』にも記録はないが、久松一声の手記に「今は鐘ケ淵紡績へ転ぜられた当時清水谷女学校教諭の中島先生」という一節を見つけた（大正九年六月号「舞踊の新大道」）。

清水谷高女の中島は、『ドンブラコ』『浮れ達磨』と同時上演されたダンス『胡蝶』の振り付け担当である。中島が鐘紡女工の歌劇団に直接関わっていたかどうかは不明だが、昔のよしみで、「歌劇」に情報を提供したのは中島だったのかもしれない。

＊1　阪急文化財団理事・池田文庫館長を務められた伊井春樹氏によれば、公平逸人は小林のペンネームである（『宝塚歌劇から東宝へ　小林一三のアミューズメントセンター構想』）。

＊2　「玉津真砂」の読み方について、『宝塚歌劇100年史「虹の橋　渡りつづけて」人物編』には「たまつまさこ」とあるが、大正一五年（一九二六）生まれで玉津在団中のナマの舞台を観劇している知人は「たまつまさ」と記憶している。どちらが正しいのだろうか。

第6章

高砂松子

『文福茶釜』の和尚に扮した高砂松子

オッチョコチョイでお転婆な少女

創生期の宝塚少女歌劇において、しばしば批判の対象となったのは、舞台での緊張感の欠如だった。現在では考えられないけれども、本番中に笑ったり私語を交わしたりして、名指しで非難されることも珍しくなかったが、とりわけ大正四年（一九一五）入学の高砂松子に対する風当たりはキツかった。

この章では宝塚百余年の歴史の中からすっかり忘れられてしまった、当時の大人気生徒・高砂松子について記してみたい。

最も不愉快に思ったのは、間々不真面目に演ってる人々を見受けた事です。これ等の人々は、我々遠来の客を愚弄してるのです。（略）生徒の前途を慮って、名前は申上げませんが、最もひどかった人だけ申します。それは高砂松子です。何と唾棄すべき生徒でしょうか。

（大正八年一一月号）

下級生の頃の高砂はオッチョコチョイでお転婆で可愛らしいというので人気もあった半面、多くの観客は生徒が不真面目に見えることを厭った。台詞に詰まって笑ってしまい、楽屋に引っ込んだこともあったらしい。「高砂松子の芸風は、俗衆に媚るやうな臭味が多くて困る」（大正九年六月号）と言う医大生からの投稿もあった。

舞台以外の振る舞いについても、眉を顰める人は少なくなかった。音楽歌劇学校の授業中、ある教師などは「稲垣サン、延若のおのろけを聞かして下さい」とけしかけたという（大正九年三月号）。稲垣というのは高砂の本名である。投稿の主意としては、生徒に訓戒的教養を加えるべき教師がけしからん、ということなのだが、どうやら当時高砂が歌舞伎役者の二代目・實川延若（一八七七～一九五一／屋号は河内屋）を好きだと公言し、それに尾鰭の付いた噂が喧伝されていたらしい。

「高砂の対延若問題」として、「浪花座の花道近くに陣取って、河内屋のために狂気のやうになって拍手し」ていたという目撃談がわざわざ報告されたり（大正九年八月号「忘れ得ぬ人々」）、将来もし高砂が結婚したら「愛嬌たっぷりありて夫をあやなす術多けれど、延若好みの浮気者なりや。一人の夫を守れるかしら」など風評とイメージとを完全にゴッチャにした投稿まであった（大正九年八月号）。

「鴈治郎や延若の芝居は好きだが、子女には見せたくない」という時代に、まさにその歌舞伎役者と少女歌劇の生徒という取り合わせで耳目を集めたのだろう。鴈治郎は初代・中村鴈治郎（一八六〇～一九三五）、屋号は成駒屋である。まあ高砂と延若については、

> 河内屋が好きやと云ふてやはるが、それには深いわけがあるんだすやろ。（略）全く河内屋ソックリだすやら、高砂サンが延若に憧憬とやら、ぢゃが妙なもんだすな。高砂サンは宝塚でいふたら、丁度河内屋みたいな方だすよってな。素晴らしい人気のあることや、なんでも器用にやれる処や、達者の芸風、丸で女延若だんがな。（大正九年八月号）

というあたりだったのではないだろうか。高砂自身も世間のウワサを重々承知した上で、わざと大仰に拍手してみせたような気がする。

　パラダイスの室内プールの冷たい水の中を人魚のように戯れながら泳ぎ回った。運動場の木馬で飛びっくらをした。舞台稽古の日に、音楽歌劇学校の男子選科の団員とキャッチボールをして、目の下にボールが当たってしまった。腫れ上がった頬を両手で押さえて、涙をぽろぽろ流しながら、それでも無言で笑っていた（前出「忘れ得ぬ人々」）。

第三回の東京公演の時は、東京駅に着くや早々「わしの行くとかどこだんべ」と田舎者を演じてみせた（同号「見学旅行の反響—そうら!!!やって来たい」とむたけ）。いっぽう帰途に立ち寄った名古屋では、絵葉書を買いに行ったまま午後一〇時になっても宿に帰ってこなかった春日花子・住江岸子・天津乙女らを叱りつけ、上級生らしいところも見せている（大正九年八月号「上京日誌」金健二）。

歌も詠んだ。当時の女学生の嗜みとして、短歌を作ること自体はそれほど特別なことではなかったが、高砂はのちに下級生の初瀬音羽子と共著で劇団の出版部から『紫インキ』（大正一一年刊）という詩歌集を上梓している。

むしゃくしゃともの思はする日の殊更に笑ひたわむる心淋しも
人のみな悩てふ事なかりせば空虚の世なりと君はのたもふ
君と我れかたるも近きが嬉しきは余りに寒き冬の夜なれば

（大正一〇年三月号）

泣かんにも我れ一人なればせんもなし君いまさねば泣くもせんなし
左様ならとただ一言をいひしまま別れし君ぞ忘られなくに

（同・四月号）

人形をたくさん集めるという少女らしい一面もあった。しかし他の生徒の人形は博多人形や市松人形など可愛らしいものばかりだったのに対し、高砂の人形にはロクなものがなかった。

松っちゃんが歌劇の舞台に立って、自分をこの人形の様にそれぞれの個性を表現するやうになってくれれば、人形も松っちゃんに何物かを教へてくれた事になる。

（大正一〇年二月号「松子さんのお人形」森田ひさし）

高砂の真骨頂

玉を転がすような円やかな歌声で、特に日本の俗謡が巧みだった。しかし高砂の真骨頂は、何と言ってもその自在な演技力だった。

多少気品の足りない怨みはあるにしても、軽いHummer（ママ）を適度に含んだ、少しの厭味も交らない、あの人独特の持味は、誰の瞳にも思はず明るい微笑の波を漂はさずにはおきません。（略）あの人の舞台に於ける周到な用意と細心な工夫とを賞揚したいと思ひます。（略）何の役に対してもかなり熱心な研究心を持ち、又細かい技巧の一つ一つにも予想外な工夫を凝らしてゐることが解ります。

（大正八年一一月号「人としての高砂さん」中道梢）

大正一〇年（一九二一）四月号掲載の「高砂松子論」には、「芸術的天分の豊な人」「舞台上綽々たる余裕」「真剣な挙動のうちに人を揶揄する面白味が漂ふ」といった評が並ぶ。更に希望することとして「自然のお上手に一層の光彩を加へんこと」とあるが、これは青柳有美の言葉を借りれば、高砂がシテ（主役）ではなく「ツレ（相手役）で人気を取る役者」だった（大正一〇年三月号「歌劇場の客席より」）ということであり、存在感はあっても、スターとしての華には欠けていたということだろう。

能に題材を採った『隅田川』（大正一〇年夏季一部）の船頭で見せたユーモア、塚の由来を話すあたりの「福らみ（ママ）の有る低い夢幻的な美声」、まさに高砂にピッタリの役で、高砂でなければあそこまで成功しなかったと思われた（同・一一月号「公開状（三）高砂松子さんへ」きしがみ）。

岡本綺堂（一八七二～一九三九）原作の『能因法師』（大正一〇年秋季花組）では高峰妙子が能因、高砂は弟子の良因を、『カインの殺人』（同）では高峰が弟のカイン、高砂が兄のアベルを、シェイクスピアの

『ウィンザーの陽気な女房たち』に基づく『恋の老騎士』（同）では高峰がフォルスタッフ、高砂は女役のページ夫人を演じた。役作りのためには、長かった髪を肩先で切ってしまうことも厭わず（カイン、ページ夫人）、そうかと思えば『シャクンタラ姫』（大正一一年五月花組）で演じた蛇は、「おそろしい顔やブキミな笑いやうに、ゾッとさされました」（大正一一年六月号「私の観たまま　春期第二回公演」）。

　余談ながら、明治四三年（一九一〇）生まれの筆者の祖母も、女学校時代に主役の能因法師を演じたそうだ。能因が陸奥への長旅で日焼けしたように見せるため、顔に炭を塗って舞台に出たのだが、途中で台詞が飛んでしまい、「すんません、セリフ忘れたんでちょっと見てきますわ」と袖に引っ込んで大いにウケた、と生前何度も語っていた。さすがに宝塚のような歌劇バージョンではなかったと思うが、岡本綺堂の脚本は当時の女学校の学芸会の定番だったのかもしれない。

　閑話休題。大正一〇年（一九二一）二部制の導入に当たって、人気絶頂にあった高砂は〈二部〉に配属され実質上のトップとなった。青柳有美は「お伽部の隊長」と呼び（大正一〇年四月号）、当時の歌舞伎界の事情はわからないが「河内屋が成駒屋（雁治郎）と離れて大将になってやってるやうな工合」（大正一〇年三月号）と言う者もいた。果たして二部制のお伽部門を担った〈二部〉が大失敗だったことは前に記した通りである。

　フンパーディンク原作のオペラに岸田辰弥がアレンジした『ヘンゼルとグレーテル』（大正一〇年春季）は、さすが本場の音楽ということで、玄人筋の評判は高かったが、とにかく不入りで、高砂は泣いていたという（大正一三年八月号「吾吐譜」寺川信）。しかしこの悔しさを経て、高砂に自覚と責任感が芽生えたのではないか。本番中に舞台上の観音堂のセットの中で弁当を食べるなど、相変わらず茶目をしでかすこともあったけれども、この頃から舞台人としての円熟味を増していったようだ。

高砂松子さんが此の頃すっかり統率者の重味を加へ、芸も見物に不快を与へるやうな個所がなくなった　（大正一二年一一月号）

自らが演じるだけでなく、他劇団の舞台評を手掛けることもあった（大正一一年七月号「観劇評語」）。高砂が観たのは、当時のベストセラーで若者のバイブルとも言われた倉田百三（一八九一～一九四三）の『出家とその弟子』。佐々木積（一八八五～一九四五）が主宰する舞台協会による浪花座公演だった。配役は、親鸞聖人＝佐々木、唯圓＝山田隆弥（一八九〇～一九七八）、かへで＝岡田嘉子（一九〇二～一九九二）。

『出家とその弟子』については、こんなエピソードがある。

ある人が電車の中で出会った高砂に、最近何か本を読んでいるか尋ねた。高砂答えて曰く、「二、三日前からある翻訳ものを読んでいますけれど、六ケ敷過ぎて私にはよく解りません」

「倉田さんの『出家とその弟子』を読んだ時には、ほんとうに涙ぐまされてしまいました。けれども、あの中のあそこだけは、やっぱり何うもよく解りません」（前出「人としての高砂さん」）

前出『紫インキ』に堀正旗が寄せた文章によれば、高砂がどうしてもわからないと言った「あそこ」というのは、親鸞聖人と弟子の唯圓の問答の個所だったようだ。

唯圓と結ばれる遊女かへでを演じた若き日の岡田嘉子を、「西洋もののような表情や型で、新思潮にかぶれた女学生みたいだった」と高砂はバッサリと切った。高砂は岡田より二歳年長だが、ほぼ同世代である。のちに岡田がプロレタリア演劇運動の活動家で演出家の杉本良吉（一九〇七～一九三九）と共にソビエトに亡命したことを思うと、高砂の直観には空恐ろしさすら覚える。

オフの高砂～思い出

舞台の外でも高砂の存在感は抜きん出ていた。

手品が上手かった。歌留多（かるた）（百人一首）も全学校中で一番強かった。テニスも一等上手だった。打ち方を教えてくれるのだが、何度もしくじると腹を立てて教えてくれなくなった。新生徒の中には、高砂のことを「何となく恐ろしいような気持ちがする」という者もいたが、それは叱られるからというよりも、常人の感受性を超えた役者の気質がそう感じさせたのではないだろうか。

ある人が高砂のところにプライベートではない用件で相談に来たことがあった。内容はわからないが、時期的に当時構想があった男子団員を加えた新劇団のことだったのかもしれない。話を聞いた高砂はこういう意味のことを答えた。

「わたしは、自分でかうと考へたら何（ど）んな場合でも、誰が何といったって、その考へに忠実に従ひます。けれど、自分でほんたうにその意志がないときには、何（ど）うしても自分を曲げてまで、その方へ従ひたくありません。ですから、あなた方のお言葉は御尤（ごもっと）もとはおもひますけれど、私にまだほんたうの欲求がありませんから、お気の毒ですが、お断りします」（前出「人としての高砂さん」）

第四回東京公演の帰途立ち寄った名古屋は降雨が激しく、停電で公演が三〇分ばかり中断されるほどだった。長良川が氾濫し、翌日予定していた鵜飼（うかい）見物が中止になったために、一日早く帰ることになった。ところが一夜明けると前日の雨がまるで嘘のような晴天。収まらない高砂が「こんないいお天気におジャンになるってくやしいね。みんなで理事に頼みに行こう」と他の生徒を煽（あお）って直談判し、高砂の雄弁のお陰で長良川の見物を決行することとなった。

いとう呉服店（現在の大丸松坂屋百貨店）からの昼食のお誘いはパスして、岐阜駅で途中下車。予め借り切っていた電車二台に分乗し（美濃電気軌道のちの名鉄岐阜市内線）、宿泊予定だった金華山対岸の松洲屋で鮎寿司に舌鼓を打った。その日のうちに大阪駅まで帰り着き、電報を受け取った歌劇団関係者やファンの出迎えを受けたが、予定が二転三転し、固定電話の設備すら不十分な時代に、段取りを整える大人たちはさぞかし大変だっただろう……とオトナ側の人間として思う。

この帰路で、高砂はちょっと失敗している。京都駅で行きにお餞別を貰ったファンに名古屋で買ったお土産を渡したところ、翌日そのファンから何やら送られてきた。開けてみると、出発前夜に御園座で洗濯して、まだ乾き切っていない猿股が出てきたというオチ。まあ、旅公演は土産と洗濯物を間違えるほど慌ただしいのだと思うが（大正一〇年八月号・新消息）。

大正一一年（一九二二）一〇月には、瀧川末子ら花組の六名と生徒監と三泊四日で山陰方面に旅行した。他のメンバーはオープン間もない三朝温泉の岩崎旅館（現・依山楼岩崎）に泊まったが、高砂は目と鼻の先の倉吉の実家に墓参に帰った。その時の感興を高砂は五首の歌に詠んでいる（大正一一年一〇月号「故郷を訪れて」）。

故郷の山よ林よ野よ人よ思ひ出のまゝ我れをむかふも
なつかしの我がふるさとよ故郷と叫ばまほしき今日のよろこび
たまさかに帰りし我れ見て妹はものも得言はで逃げてゆきけり
三年ごし今亡き母の墳墓（おくつき）にぬかづける子よ涙あらじな
今更らに逝きにし母の面恋ふも十年の昔などかへり来む

帰省の翌年、高砂はふるさとの幼少期の想い出を「歌劇」に寄せている（大正一二年八月号「幼き頃」）。生家は町の中心から少し離れたところにあるかなり大きなわらぶき屋根の家で、後ろに向山、前に清い小川が流れていた。両親と姉・兄・弟がいた。近所の子供たちの大将で、男の子も手下にして、やんちゃで山の下まで走ったりした。学校ごっこをして、唱歌の先生になるのが好きだった。

日曜学校に通っていて、クリスマスや花の日には、なくてはならない花形生徒だった。歌劇風の演し物の稽古のために教会に泊り込んだりもした。教会主催の県の慈善事業で活動写真の『放蕩息子』を上映した時は、息子が帰ってくる場面で賛美歌を歌った。校長先生や先生方が見に来てくださるのが嬉しかった。

母は少しこわかったけれど、陽気で、本当にいい母だった。しかし母は病気で逝ってしまった。亡くなる一〇分ぐらい前まで話をしていたのに。小さい弟はまだ四歳だった。

高砂は大阪の親類の家に当分預けられることになった。初めて大阪に来た日は、秋季皇霊祭か何かをやっていた。彼岸の中日、現在の秋分の日である。大阪では美しい町の人々にいちいち驚いた。後年東京公演で上京した時、「わしの行くとかどこだんべ?」とおどけてみせたのは、この時の自分の姿を戯画化して見せたのかもしれない。そして高砂は宝塚と出会った。

とにかく歌の好きな私は、少女歌劇と聞いて度々見に行ったものです。こんなにいい声の人がどこから集まったのか知らと思ったり、うたひ振りを真似て、よくのどを痛めたりしました。けれども、その中の一員に自分がならうとした時、幾度も幾度も考へなほしたり、決心したり、（略）けれどもやはり私は自分の思ふ道に進んだ勇者でした。いまではその一生徒であることを無上の喜びとしてゐます。（同前）

高砂が入学したのは大正四年（一九一五）、宝塚少女歌劇第三期生である。同期生四人の中には、美人の誉れ高い高濱喜久子もいた。可憐な少女たちの中で、高砂は色黒で、先生からは〝黒松〟と呼ばれた。ファンの目には、そんな高砂の姿はみすぼらしく映った。

容姿服装などから見て、其少女（高砂）は何処にも決して人を引つける様な処はもってゐません。悪く云ふとあれも少女歌劇の少女かしらと思はれる程、色は黒く、髪の毛は少くて短く、着物だって其は其はじみなものでありました。（大正九年八月号）

入学の翌年、大正五年（一九一六）の春季公演について、久松一声はこんな風に述懐している。

高砂松子さんも「桜大名」の総踊の中に忘れるやうに交って、「咲いた咲いた――」と頗る珍妙な手振で踊ったものである。（略）未だ舞ひも下手であって、他の人達の間ではその手振りが一際目立って見え、あたかも蜘蛛の巣の大掃除を手伝ってゐるやう（大正一三年一月号「思ひ出すことども」）

『桜大名』の総踊りは、高砂が「一生一代で嫌ひな役」だったそうだ。

その後大正七年（一九一八）に「歌劇」が創刊されるまでの二年間、高砂が頭角を現すようになるまでの足跡をつぶさに辿ることはできないけれども、『桜大名』の年の秋季公演『ダマスカスの三人娘』のタイネー役で一躍注目を浴びたようだ（大正八年一月号「一期二期の人々（二）」金子生）。そして時には悪目立ちしながらも、日曜学校ではない、少女歌劇にとって、なくてはならない生徒になったことは、前述の通りである。

結婚そして舞台

大正一二年（一九二三）春、入学してきた新生徒の目にも「ああ高砂さんだわ。随分活発だわ」（同年五月号「新入生を迎へて」秋田露子）と映ったが、その年の九月の高声低声欄に「高砂松子衰へたり」という投稿が載った。他の投稿によれば、どうも舞台に精彩を欠いていたようだった。

どうやらこの頃高砂の去就を巡って、いろいろな噂が囁（ささや）かれていたらしい。

そして高砂の結婚が報じられた。更に驚くべきことには、結婚後も高砂は少女歌劇の舞台に立つというのである。

> 噂とりどりの高砂松子さんは正式に堂々と結婚されたが、大（おおい）なる抱負と自覚とをもって、舞台を去らないことに決した。
> （大正一二年一一月号・新消息）
>
> 小林校長先生の勧告を容（い）れて、（高砂は）結婚後も猶（な）ほ従前の如く、「宝塚」へ出演するとの事だ――秋期公演だけは一寸（ちょっと）失敬するが、これ又、重ね重ねの御目出（おめで）たで、「宝塚」の為（た）めにも、高砂さん御自身の為めにも、慶賀此上（けいがこのうえ）無き次第である。
> （同号「『宝塚』の為に義勇奉妻の良人出でよ」青柳有美）

人気も実力もある生徒が結婚後も引退しないということについては、小林も認めていたどころか、むしろ積極的に推進しようとしているフシさえあった。

高砂松子が結婚した為めに、暫らく休校して居った。引退といふ風説も多い。本人はこれを機会に退校したいといふ希望もあったとか。（略）然し（略）結婚した後迄も学校でも勉強し、舞台にも立ち得るならば、それもよろしいと思ふ。

（大正一二年一二月号「頓珍閑話」池田畑雄）

伝聞のように書いているけれども、池田畑雄は小林のペンネームの一つである。
高砂の結婚の前年、大正一一年（一九二二）の一月号の「歌劇」には、こんな言説が掲載されていた。

舞台に立つ、芸術的に勉強すると言って、いつ迄もいつ迄も必ずしも独身で居らねばならぬといふ理屈はないので、芸術的に勉強する、舞台に立つ其間に良縁があれば、いつでも御結婚は大賛成、結婚してからも又宝塚に通ふといふことは、少しも異議はないのみならず、これも大賛成。そうして飽く迄も自分の天分に応じて勉強するといふことは、女の一生としても、又ふさはしい事業であると信ずるのであります。

（「男と女の対話」落合一男）

この背景には一期生の雲井浪子や二期生の篠原浅茅ら花形生徒が勉強して、せっかく技芸を身に付けたのに退めてしまうのはもったいない、決して結婚することを止めるわけではないが……という劇団側の本音がある。団員はあくまでも未婚の女性であり、スターが退団しても新しい生徒が入団してくるということが当たり前の現在とは違い、創生期の宝塚は退団のルールどころか、形すら定まっていなかったのである。

高砂は結婚したら引退するつもりでいた。それは池田畑雄＝小林も書いている。先の「幼き頃」の回想は、これまでずっと舞台一筋だった高砂に結婚話が持ち上がり、そんな時ふと胸によぎった感慨ではなかったか。しかし高砂は慰留された。迷い悩んだに違いない。それが観客の目には「衰へ」と映ったのではなかったか。いずれにせよ高砂が残ってくれたことは、少なくとも劇団内では概ね好意的に受け留められたようだ。

> もと高砂松子さんたるや、些か我儘であった。暴君的な処があった。それに性来の茶目気が手伝って、なかなか皮肉な悪戯をやったものだ。処が今度何か知ら、感ずるところがあったのださうだ。そして生れ変ったやうに温和しく、親切になった。「今の高砂松子は、もとの高砂松子ではございません」と友人知己に挨拶をして廻った程である。誠に御結婚と共によろこばしく、また有難い極みである。
>
> （大正一二年一二月号・新消息）

夫君の情報を窺い知るような記事はないけれども、蛍池（大阪府豊中市）の新居では、ウーダン、レグホン、コーチン、マヅルカ、エスキモーなどいろいろな品種の鶏を飼っていたという記事が掲載されている。

だがしかし、劇団内の空気とは裏腹に、ファンの間にはたちまち戸惑いと反感が拡がった。「自己の天分をわきまへて再び舞台へたたれるとは——ほんとに感心させられます」（大正一二年一二月号）というような声もなくはなかったが、それはほんの一部だった。

> 一たん結婚した高砂さん、然も少女期を脱した松子さん（略）が少女歌劇の舞台に出演すれば、社会の人々は何と謂ふでせう。我が宝塚少女歌劇の大恥辱です。こんな事は且つて前例が無いのです。矢張り少女歌劇は今迄通りの純な少女のみの集ひとして置いて下さい。
>
> （同前）

宝塚の歌劇は何であるか――「少女歌劇」ではないか。その少女のみの群の中に一人異端者が居ると言ふ事は、宝塚のアトモスフィヤー（雰囲気）を紊す緒となりはしないだらうか。（同前）

「貴女の好きな宝塚はもう、少女歌劇ぢゃないことよ。夫人歌劇なら、あたし見たか無いわ」などとクラスメートに言はれた時、私達T党（宝塚ファン）はどう御返事しませう。かりにも少女歌劇と銘うつ宝塚が既婚の婦人を交へて居るなんて、聴義上から見ても大なるオッフェンス（罪）ではございません？（同前）

こうした声が高砂の耳に届いていないはずはないのだが、しかし、高砂は毅然としていた。

万象の新しみゆく来ん年よ幸あれかしとわれぬかづきぬ
　幸も楽も苦も来よ十三年試してぞ見んこの一と年を
叫び度き心こそすれ我れは今何を叫ばむ裏山に出て
（大正一三年一月号「新春に歌ふ」）

裏山というのは蛍池の刀根山か、それとも幼少期に男の子たちと走り回った故郷の向山の面影だろうか。その裏山で、高砂は何を叫びたかったのだろうか。

大正一三年（一九二四）正月公演の義太夫『卅三間堂棟由来』に題材を採った『古柳の嘆』で、老いた母親の役を与えられた高砂はこんなことを言っている。

古柳の嘆といふ歌劇がたまらなく好きです。はねっかへりの私も、こうした役は大好きです。考えなければならない様な役やら、体にはまった役やら、何んでもどんな役でもして見度いと思ひ

ます。何も修業ですもの。（大正一三年一月号「正月公演役々の感想と心持」／傍点筆者）

高砂は自分のことがよくわかっていた。その上であくまでも宝塚の生徒として、芸道に研鑽を重ねようとしていたのである。

読者からの引退勧告

この年の七月、四〇〇〇人収容を謳う宝塚大劇場が完成。マイクやスピーカーなどの音響設備がなかった大劇場は、それなりに声は響いたようだが、東京音楽学校で本格的に声楽を学んできた高峰妙子は、セリフの多い歌劇だと知らないうちに声を張ってしまい、「肝心の歌の時には思ふ存分に歌へなくなる」と告白している（大正一三年八月号「新築大劇場初演の感想」）。

これに対し高砂は「（劇場が）大きいことも前以てわかってゐたし、（略）今更何も驚異とすべきものを発見しません」とあくまでも平静を保っている（同前）。しかしかつて「珠玉を転がすような」と称賛された歌声は、マイクのない劇場のサイズには合わなかった。それは演技にも現れた。この年の一一月公演『鼎法師』の寺侍役では、「旨いには旨いが、何時ものうるほひが無く、何となくがさがさして見えるのはどうしたものか」（大正一三年一二月号）

小林からも「歌の調子が低くて、昔の陶酔気分が少しも現はれない。（略）高砂たるもの此際真面目に自己の立場を考へなくては駄目である」と叱咤され（同号「歌劇場の客席より」）、歯に衣着せぬ青柳有美からは「瀕死オペラ」と酷評され（同号・「高声低声」）、そして次号には遂に引退を勧告する投稿が掲載されてしまう。

高砂松子よ、恥をかかぬ内に退校をこそのぞむ。（大正一四年一月号）

引退勧告はこれまでにもあった。しかしこれほど辛辣なのは、これが初めてである。親分肌で人気も実力も兼ね備えた生徒であった半面、天才肌ゆえの言動に反感を覚える人もいたところに、結婚後もずっと少女歌劇の舞台に立ち続けていたことで、これが一気に噴出したのかもしれない。

大正一四年（一九二五）一月、大劇場で開催された「歌劇」の「愛読者大会」で、歌姫・高峰妙子はベートーヴェンの歌劇『フィデリオ』のアリアを歌い、優等生の瀧川末子は舞踊劇『鐘曳（かねひき）』で弁慶を演じ、高砂は月・花組生徒のマンドリン合奏で指揮者を務めた。高砂のことだから、きっと堂に入（い）ったコンダクター振りを見せたことだろう。そしてこの年、高砂はフェイドアウトするように引退した。最後の舞台は花組六月大劇場公演だった。歌劇『かいまみ少将』で絵所法眼（えどころほうげん）、喜歌劇『シネマスター』でトマス役を演じたが、次の九月公演に高砂の姿はなかった。九月号の「歌劇」に掲載された「歌劇生徒の内職調べ〜花組の巻〜」（芦屋三郎）というイラストページで「結婚のお相談に応ず／高砂や」といじられ、一〇月東京公演中の花組の楽屋に、公演に参加しなかった高砂からマツタケが届いた。だが高砂は戻って来なかった。青柳有美が「月組に御病後の高砂さんを入れては如何」（一二月号）と書いているが、本当に病気だったかどうかはわからない。

明けて大正一五年、昭和元年と改元される年の「歌劇」二月号で、前月一九日に寄宿舎で開催された新春茶話会が高砂と他二名の生徒の送別会を兼ねていたことが記され、ファンは高砂が正式に引退したことを知ったのである。

こうして創生期の宝塚にあってその礎を築いた高砂だが、不思議なことに歌劇団の公式の年史には殆（ほと）んど出てこない。スルーされている観すらある。既婚者が舞台に立っていたという事実が、その後の「団員は未婚の女性のみ」という歌劇団のあり方と相容れなかったせいかもしれない。実力のある生徒は結婚後も退団させずに劇団員として技芸を究め、さらに男子を加えて本格的な歌劇団を結成するという小林の夢も潰（つい）えて久しい。

さて高砂がいなくなって四年後の昭和四年（一九二九）、山陰の倉吉から一人の少女が音楽歌劇学校に入学してきた。ニックネームは本名の稲垣からイナちゃん、かつて帰郷した高砂が、

　たまさかに帰りし我れ見て妹はものも得言はで逃げてゆきけり

と詠んだ、当時五歳ぐらいの小さな妹である。高砂の実母はずっと以前に亡くなっていたので、異母妹だと思われる。

その妹イナちゃん―神代錦（かみよにしき）は、その後花組組長・星組組長を務め、春日野八千代（かすがのやちよ）と共に戦前戦後の宝塚を支え理事に就任、姉の志を継いで文字通り生涯を宝塚に捧げた。筆者は神代の最後の舞台を観ている。昭和五九年（一九八四）宝塚バウホール公演『花供養』、神代は春日局（かすがのつぼね）役だった。平成元年（一九八九）在団したまま逝去。行年七一歳だった。

神代錦　お姉さんよりイケメンである。

第7章

生徒たちの日常

休憩中の生徒たち。左側の木にもたれているのは天津乙女。

寄宿舎生活

「歌劇」には生徒たちの詩文や手記が数多く掲載されている。プロの寄稿やファンの投稿だけではなく、生徒たちの文章が読みたいという読者の希望に応じたものだが、彼女たちの目を通して見た当時の社会の様子や彼女らの日常生活を垣間（かいま）見ることができる。

生徒の一人が「寄宿舎の窓から」という手記を寄せている。筆者は匿名だが「故郷の紀州」とあり、和歌山出身の音羽瀧子と考えられる。ただ文章にニュートンやゲーテが出てきて、あまりにも老成しているようにも見え、誰か大人の編集者（時期的には堀正旗が編集長時代）が音羽に仮託したように思われなくもない。ともあれ内容をかいつまんで記すと、こんな感じである。

――朝、雨戸の節穴から射し込んでくる日の光が、障子（しょうじ）のどの辺に映るかで何時ごろか見当がつくのだが、今日は曇りだろうか。壁に貼り付けた聖母マリアの画像、書架の上には京都公演の時、沖津浪子と散歩に出かけた四条通の大丸近くの人形店の装飾窓（ショーウインドー）[*1]にあった舞妓姿の京人形。紫地に桜の模様の着物、燃え立つような紅鹿（か）の子の長襦袢（ながじゅばん）を覗かせ、頭より大きな花櫛（はなぐし）を瑞々しい桃割れの日本髪に挿し、金糸で亀甲を織り出している緋（ひ）の帯をだらりと垂らしている。

両側には、網代木渡（あじろぎわたる）と春日花子が枕を並べて寝ている。寄宿舎は三人部屋なのである。春日さんの可愛い寝顔！　ほんとに生きたお人形のようだわ。網代木さんの横顔の何という無邪気さ！　網代木の袖に埋（うず）められた顎のあたりには、白粉（おしろい）の跡がほんのりと残っている。

雨戸の外で雀（スズメ）がしきりに啼（な）き始めた。彼女は前々号の『歌劇』に載っていた小林一茶の「親の無い雀よ俺と来て遊べ」という俳句に思いを馳せる。我々が知っている一茶の句とは少なからず異同があるが、筆者は「かうやって故郷を離れて、朝夕寄宿舎に起臥（きが）してゐる私は、そしてよく眠ってゐらっしゃる春日さんも、網代木さんも、いいえ、寄宿舎にゐるすべての方も、或る意味で親のない雀も同じやうな生活をしてゐるのだわ」と思う。

布団の中であれこれ考えていると、誰かが歌っている声が聴こえてきた。笹原いな子さんかしら、巽（たつみ）寿美子さんかしら。雨戸の隙間から射し込む朝日が、障子の桟（さん）の四段目に眩（まぶ）しい程光っている。もうすっかり夜が明けたらしい。「さ、春日さん、網代木さん、早く起きないと、また舎監（しゃかん）さんが起しにゐらっしゃるわよ」（大正一一年七月号）

三年後の春先には、音羽の同室は沖津浪子になっていた。学校から帰ってくると、シュンシュン音を立てている鉄瓶（てつびん）に卵を投げ込んで煮抜きをするのがこのところの日課である。そして両手を火鉢にかざしながらあれこれおしゃべりするのが、一日中で一番楽しいひと時だった（実際にはカッコ内のような言葉遣いだったと思われる）。

気の早い沖津が、

「もういいか知ら？」（もうよろしやろか）

「駄目よ。まだ二分間も経ってやしないわ。周章（あわ）てちゃ半熟よ」（あきまへん。まだ二分も経ってへん。急（せ）いたら半熟やよってに）

しばらく話をして、

「もういいわ、大丈夫！」（もうええわ、大丈夫や）

「さア」（ほれ）

「蓋をとって見ませうか」（蓋とってみまひょか）

白い蒸気の底で、二つの卵がピクピク動いている。

「まだ駄目。あの卵がグラグラ飛び上る位にならなくちゃ」（まだあかん。あのタマゴがグラグラ飛び上がるぐらいにならへんと）

「今度こそ大丈夫！」（今度こそ大丈夫やわ！）

茹（ゆ）ですぎた卵は白身も黄身も固まって、塩をつけて食べても、味も何もなくなってしまっていた（大正一四年三月号「寄宿舎からのお便り」）。

沖津浪子　のちの白井鐵造夫人である。

沖津も寄宿舎の生活を綴（つづ）っている。

テニスコートが寄宿舎の近くに出来たため、長らく忘れていたテニス熱が生徒たちの間で再び盛んになってきた。公演が四時に済むと、すぐに音羽や高砂松子、久方静子（ひさかたしずこ）を誘ってコートに飛んでいく。長い袂（たもと）を帯の間に挟んでひやりとする土を足の裏に踏んだ時は、何とも言われない良い心持ちがし、ラケットを握ってコートに立つと一人嬉しくて微笑（ほほえ）まれた。

テニスが上手いのは活発で負けん気の強い高砂と、和歌山の女学校時代テニスの選手だった音羽。自分のラケットを持っているのは音羽だけだった。

高砂は毎日打ち方を教えてくれたが、小柄な沖津がジッと構えていると「沖津さん、球が上（あが）り過ぎて、打ちぬくいでっしゃろ」「アラ、ラケットが独り動いてゐるわ」とからかった。

私達は顔の色の黒くなるのもかまはず、毎日々々かうして袂をからげ、裾をまくし上げて、花も見に行かず、摘草にも出掛けず、暇ある毎に一生懸命テニスばかりしてゐます。

（大正一三年五月号「ラケットを握って」沖津浪子）


こんな手記もあった。筆者はまったく無名の生徒、静弘子。

ある夏の夕べ、静は上級生の有明月子と肩を並べて歩いていた。

「ね、少し休みませう――」

冷たい、どことなく重いような感じのするクローバーの上に二人は腰を下ろす。寄宿舎に電灯が点り、甲高い笑い声が聞こえてくる。二人は黙って顔を見合わせて、淋しく微笑む。近くの山はセピア色に暮れかけてゆき、思い出したように遠くで電車の軋る音がする。

「何時までこのクローバーは黙ってゐる気か知ら――」

有明は小さいクローバーを一つ摘み取って、じっと見つめる。

「一生黙ってゐるといいのに――」

星が一つキラリと山の端に光った。寄宿舎に帰らないと。二人は立ち上がる。クローバーがヒラリと膝から落ちた。同じ草叢なのに、そのクローバーだけが違った潤みをもっているように思われた。静は屈んでそれを拾い、部屋に帰って日記帳へ挟んだ。

「一生黙ってゐるのよ――」


（大正一四年一月号「有明月子さまとクローバーの話」）

幼い日のこと

手記は、幼少時代の思い出にも向かう。

夢路すみ子は、九州の久留米に育った。コスモスがいっぱい咲いている隣家のお玉ちゃんと仲良しだった。学校から帰ってお八つ（や）をいただくと、大きい重たい庭下駄を履いて、西洋菓子の空箱に丸髷（まるまげ）や桃割れに結った紙びなを入れたのを持って、飛び石づたいに柴垣（しばがき）のところまで行く。コスモス越しに呼ぶと、お玉ちゃんも紙びなの入った箱とござを抱えて走ってきた。こうして二人は日が暮れるまでひな様ごっこをして遊んだ（大正一三年一一月号「コスモスの咲く頃」）。

奈良美也子（ならみやこ）が持っていた羽子板の押し絵の図柄は島田に結ったお姉さんだった。小学校に入る前のお正月、羽根つきをしていて、くるくる回りながら落ちて来るのを受けようと、二足三足前へ進んだ拍子に前につんのめり転倒してしまった。投げ出した羽子板を拾ってもらった時、島田のお姉さんの白い顔が泥にまみれているのを見てわッと泣き出してしまい、家に帰っても、お菓子を貰っても、泣き止まなかった。

同じ頃だったと思う。「ひとめ　ふため　みやこし　よめご……」「いつやのむさし　ななやのやくし　ここのつとおを――」とうろ覚えの歌を歌いながら、かちんかちんと一人で羽根をついていたことがあった。最後に思いきりかちんと受けた羽根が気持ちよく上がったかと思うと、そのまま家よりも庭の松の木よりも高く高く昇っていき、小さく小さくなっていって、とうとう振り仰いでも見えなくなってしまった――と思ったら、夢だった（大正一四年一月号「羽根が天に昇った夢」）。

弟たち

肉親の話題もあった。

秋田露子（あきたつゆこ）の弟は、口癖のように「海軍になりたい」と言っていた。「何故陸軍にならないの？」と聞くと、

「僕は陸軍は厭（きら）ひなんだ。カーキー色の洋服に赤い筋（すじ）をつけたりして、まるで子供のやうだもの。

海軍は黒い洋服に短剣を下げて、さっぱりしてるよ。そして軍艦に乗ってアメリカでもイギリスでも、印度でも、北極でも、何処へでも自由に行かれるんだもの。いいなあ、海軍は……早く大きくなって、海軍になりたいなあ！」

山陽公演で呉に宿泊した晩、酔っ払った海軍士官が部屋に乱入してきた時も、「弟も海軍の士官になったら、たまに上陸した時には、お酒を飲んで騒ぐやうになるのか知ら」と思い、踊っている士官の顔が弟のように見えてきて、一人くすくす笑ってしまった。海兵団や戦艦「金剛」を見物したことを知らせると、弟は羨ましがった。

しかし弟は一六歳で死んでしまった。日ごと夜ごと記録をつけていた熱が下らないまま、だんだん肌寒くなってきた初秋の夜、病床の枕元で弟のために編んでいた首巻きが半分も編めないうちに、弟は逝ってしまった。あんなに欲しがっていた空気銃や写真器も買ってあげれば良かったのに（大正一三年三月号「早春想」）。

春日花子の弟も若くして命を落とした。春日の弟については、大阪の北野中学校の生徒がこんな投稿をしている。彼自身は宝塚の舞台を観たことはなかったが、クラスメートが洋装した可愛らしい少女の絵葉書を見せてきて、

「君、此（この）エンゼルを知ってゐるかい」

「知らない」

「これは君、倉田の姉サンだよ。宝塚の春日花子を君は知らないのかい」

倉田君は優秀で温顔で勇気のある青年だった。高等商業学校に一発合格して皆に尊敬されていた。彼は、

「僕は宝塚の姉さんが一番したはしい。僕が他日（いつか）エラクなったらば姉さんを保護して、立派な芸

エンゼル春日花子

術家にしてあげたいと思ふ。姉さんは先天的に芸術家に生れて来たと思ふ」と言っていた。彼の高商の学費は全部春日が出していたらしい。そのため春日は寄宿生活をして、余った給金をできるだけ弟に渡していたのである。その弟が夏休みに水泳教師として堺の浜で母校の後輩を指導していて、事故に遭ったのだった。会葬の時、涙に目の潤む春日は痛々しく美しかった。（大正一二年八月号）

早逝した生徒たち

心に小さな棘（とげ）が刺さったままの苦い思い出もあった。

寄宿舎の槙野（まきの）のぼるに母が栗を送ってきてくれた。「今年もことのほかに早（は）やう実がうれ申し候（そうろう）まま徒然（つれづれ）の折にもと存じ、栗一箱御送り申し候。御友達とも――」。栗を見て、槙野はふと宗（ソウ）ちゃんのことを思い出す。宗ちゃんはお母さんとどこかの国からやって来て、うちの前の小さい家を借りて住んでいた。宗ちゃんは痩せてリウマチか何かで足が悪く、いつも汚いなりをしていた。

ある年の秋祭りの日、槙野が栗や柿をもらってお宮の近くまで友だちとやって来ると、松葉杖にすがった宗ちゃんが不意に飛び出してきた。宗ちゃんは槙野をじっと見据えて、

「いとちゃん、おんにその栗少しおくんよう」

お祭りなのに宗ちゃんはやはり汚い風をしていて、槙野は気味悪く思った。友だちは口々に、

「あんなものにやることはないよう、あんな流れものによう」

「さうよ、あんな流れもの、流れものによう」

槙野は流れものという意味も知らなかったのに、つい、

「お前のやうな流れものには栗は嫌や！」

「いとちゃん、そんなこと云はんでよう。たんと持っとるぢゃないかよ。おんら少しでいいんだからよ」

「嫌よ、お前見たいな、流れ者は」

「そんなこと云はんで」

「嫌！　流れもの、流れもの！　流れものは大嫌ひ！」

宗ちゃんは出した手を引っ込めて、松葉杖へぐなりと身をもたせて黙ってしまった。それから一か月もしないうちに、宗ちゃんはどこかへ引っ越していった。

何故に私はもっともっと親しい言葉をかけなかったのかと後悔しました。栗も柿もなにもかも皆んなやってしまひ度いやうに思はれました。

（大正一一年一一月号「栗と私の思ひ出」）

宗ちゃんが苦労して日本で成功し、スターになった槙野とどこかで再会して「宗ちゃん、あの時は栗をごめんなさい！」「いとちゃん、もういいんだよう」みたいなことを夢想する。しかしそんな機会はついに訪れなかった。大正一三年（一九二四）春、父の病気の看護で岡山の家に帰省していた槙野は脳膜炎のため急逝した。一八歳だった。

実は槇野の本当の両親は早くに亡くなって、槇野を育ててくれたのは養父母だった。前年の岡山公演の旅館で明け方近く、そんな境遇を知ってくれている雪野富士子(ゆきのふじこ)の手を握って、「ね、どうか、どうか、私から離れないで下さい。永久に――二人がお婆さんになってしまっても――そして死んでしまっても」と泣いていたと雪野が追悼している（大正一三年五月号「余りにも早く散りし槇野のぼるさんを弔ふ文」）。

世間の青年男女の憧憬の的となり、世間の相場を遥かに超えた手当も支給されていた生徒たちだが、その反面、舞台生活はやはり過酷だったのである。多くの生徒が公演中に倒れ、中には二十歳になるやならずの年齢で早逝する者も少なくなかった。それは当時の衛生状況や医療の問題もあっただろうが、一度公演が始まると一か月も二か月も休みがないという事情があったことは否めない。

第一回公演から四年目の大正七年（一九一八）八月に早くも、『ドンブラコ』で雉(きじ)を演じた由良道子(ゆらみちこ)が逝去した。小林は『歌劇』第二号に「萩の葉末(はずえ)の白露は、もろくも暁の五時に落ちて消ゑた」という文言で始まる追悼文を（大正七年一一月号「吁、由良道子」池田畑雄）、久松一声も「秋の灯は闇に流れて白蓮の小雨に重き香のめぐる幬(とばり)」「肺を病む女二十才(はたち)よ執着の息ようつつに生を呼ぶ子よ」（同前）という哀傷歌を寄せている。由良は久松の『三人猟師』（大正四年秋季公演）の猟師の一人でもあった。

同年秋にはスペイン風邪（インフルエンザ）がパラダイス劇場で秋季公演の最中だった生徒たちを襲い、雲井浪子、大江美智子(おおえみちこ)、天津乙女、天野香久子(あまのかくこ)、関守千鳥(せきもりちどり)、和田久子(わだひさこ)、宇治朝子(うじあさこ)らが次々と罹患。このうち一〇月二六日に舞台で倒れた宇治は、一一月五日に肺炎で亡くなった。「歌劇」第三号に久松一声が入学試験で面接を行った時のことを回顧している。

「何が好(すき)です」

「三味線と舞踊と旧芝居、西洋音楽は少しも知りません」

俳優では誰の芸風がいいと思いますかと訊くと、ニッコリ笑って下を向いてしまった。

「歌劇をしたいと思ひますか」

「思ひます、好(すき)です」

（大正八年一月号「亡き宇治朝子」）

今際(いまわ)の床には宇治の両親と仲の良かった生徒二名、そこに久松もいた。「お父さんお母さんもう行(いき)ます、さいなら」「ああ苦しい、早く行(いき)たい」。そして宇治はうつつながら久松の名前を思い出したように叫び続けていたが、久松が手を取って「菊枝さん」と宇治の本名を呼んだ時には聴こえていたのだろうか。享年一八。眉根はありし日のままだった（同号「嗚呼！　宇治朝子」）。

一時(ひととき)よ其(その)ひと時ぞ口惜(くちお)しき君が眠りを知らで帰りし

幸の子よ化粧の笑顔しとやかに女らしふしてこの世を去りぬ

（同号「哀しき懐想」高砂松子）

公演半ばで倒れる生徒たち

大正八年（一九一九）の正月公演でも天津乙女、小倉(おぐら)みゆきら五人が再びインフルエンザで休演。天津自身が振り返っているところによると、自身が主役の牛若丸を務める『鞍馬天狗』の初日から七日目に「軽い感冒(かんぼう)」でパッタリと声が止まってしまった。それでも舞台に出ていると「今宵は如月(きさらぎ)十五日」という台詞のところで、自分の耳にも聴こえないぐらいの声しか出ず、急に悲しくなって泣き出してしまい、舞台袖に逃げ込もうとしたら、上手(かみて)の道具裏に演出の久松がいて、

「はいっちゃァいかん、やっちまへ、やっちまへ」

と言うので、シクシクべそを掻きながら演技を続けた。それ以来、天津は「ベソ若丸」という渾名(あだな)を

付けられた（大正一〇年九月号「私の初舞台（承前）」）。

四月になってもインフルエンザの猛威は収まらず、高濱喜久子が倒れ、雲井浪子も休演した。

二年後の大正一〇年（一九二一）には、インフルエンザの流行は終息していたが、二部制開始で生徒らは多忙を極め、状況はますます熾烈を極めていた。開場したばかりの公会堂劇場の春季公演『春から秋へ』で瀧川末子と二人で主役の黄蝶を舞っていた秋田露子が本番中に脳貧血で卒倒したのをはじめ、夏季公演にかけて初瀬音羽子、笹原いな子、泉蘭子、瀧川末子、高砂松子、住江岸子、桂芳子、稲葉とし子、春日花子、秋野たま子らがバタバタと倒れている。

秋季公演でも本番中に山川もみぢが脳貧血で倒れ、その翌日から美山小夜子が病気休演……この事態にファンも決して黙っていたわけではない。

宝塚では毎公演期間は、其が一ヶ月たると或は二ヶ月たるを問はず、ぶっ通しに引続き公演する。この間生徒を一日も休めさせぬは少し無理ではないか（略）労働過重である。自分は女工を使ふて居る。彼等は今日九時間労働に服して居るが、実際働らく時間は七時間位で、而も余り緊張した労働はして居らぬ。今生徒達の勤労を察するに、決して女工に比較して楽とは云へぬ。殊に一日、日曜日、祭日等が連続した時は、一層無理な働らきである。

（大正一〇年九月号）

「女工哀史」ならぬ、〝少女歌劇哀史〟の世界である。

夏期公演も本日を以て無事終了せんとす。その間無事に舞台に勤めた人は幾人ありませう？（略）先づ公演中にても一週に一回の休日を与へることです。四旬長きは五旬に亘って連日舞台で活躍する少女達の苦痛。その苦役に彼女達の血は枯れ、骨は砕かれ、過労のはて、綿の如く眠る哀れなる少女達の姿を我等は帰りの電車に見るのが、歴然たる証左でありませんか。

（同・一〇月号）

入院、手術

春季公演の『春から秋へ』の本番中に倒れた秋田露子は、六月の東京公演から帰ってきて、夏公演初日一週間前の七月一四日、稽古中に体調が悪くなり早退、夜三九度の熱が出た。その二、三日前から稽古は晩の八時九時まで続いていた。当日は朝から頭痛が酷(ひど)かったのだが、『隅田川』では主役の狂女を演じるということもあり、夕方四時ごろまでずっと辛抱していたのである。

秋田の病気はパラチフスだった。大阪の回生病院の池田の分院に入院したが、夢うつつの日が五〜六日続いた。八月一四日退院、その後数週間は自宅で静養せよと言われていたが、外出させまいとする家族にねだって一九日に「ホンの見物だけ」、翌二〇日には登校して午後から舞台に出演した。『隅田川』の狂女は、初日から笹原いな子がずっと代演してくれていた（大正一〇年九月号「病窓より」秋田露子／新消息）。

私如きものの休演の為に（略）どんなに心苦しく、皆様に対して申訳(もうしわ)けなく思ったことでございませう。

春日花子は肋膜炎(ろくまくえん)（胸膜炎）だった。八月一五日の夜には一時危険を報じられ、臨時の病室とされた寄宿舎の次の間で、自身も胃腸を害して臥(ふ)せっていた高砂松子が春日の枕元で泣き明かした。翌日秋

初瀬音羽子　『山の悲劇』のトニオ

田と同じく池田の回生病院に入院した。

初瀬音羽子もまた肋膜炎だった。大阪の回生病院で切開手術を行い、数十日間の入院を余儀なくされた。

初瀬は大正七年（一九一八）入学。もともと秋田県出身だが、東京高等女学校を卒業、天津乙女らと四人で来宝した。聡明で性格も良かったようだ。堀正旗も初瀬を「歌劇団生徒二百数十名の中に於ける人格者」と称え、「家庭人として最も適当なのは初瀬」ということで南部生徒監と期せずして一致した。初瀬は「人」として温かく、すべてに対して理解が深いというのである（大正一三年八月号「歌劇生徒の人間論（一）——初瀬音羽子——」）。

残念ながら舞台人としては病弱だったが、岸田辰弥の初期のヒット作『山の悲劇』のトニオや、『伽羅先代萩』に題材を採った『政岡の局』（作・池田畑雄）のタイトルロールなど、悲劇的人物を演じて右に出る者がなかった。舞台には沈着と気品があった（大正一四年一二月号「宝塚百花譜」廣幡妍子）。大正一二年夏の『淀殿』でタイトルロールの淀君を演じた時、役作りについて手記を残している。

> 私は振当てられた淀君の脚本を手にして、この淀君の姿を想像して見ました。私はこの複雑な淀君の心持をあらはすために、幾度となく異った路を辿って、ゆきつもどりつしました。

淀君には何物にも動かすことのできない根強い「誇り」がある、と初瀬は考える。千姫を逃がしてやるにしても、親子の情をわきまえているだけではなく、そうすることによって感じる勝利者の、優越者の「誇り」を持っていたからではないか。

（大正一二年九月号「淀君の心持」）

如何なる場合にも、この「誇り」を乱す仕草も表情もしてはならぬと勉めてゐます。（同前）

初瀬は肋膜炎で倒れる前の年から、ずっと身体の不調があったらしい。
大正九年（一九二〇）春季公演中頃から息苦しかった。夏季公演は一週間舞台に立てただけだった。父の危篤のため東京に帰ったが、父を看取ったあとそのまま自分が倒れてしまった。大正一〇年（一九二一）の春季公演は、よく体が続いたものだと思う。帝劇公演でも、胸の痛みは相変わらずだった。七月六日には神戸で六代目尾上菊五郎の『保名』『素襖落』を観たが、一八日午後の舞台稽古にももう出るなと言われた。
一九日、大阪の回生病院で手術。白い手術衣に手を通しながら、大江橋の下を行き交う船や橋上を忙し気に走る電車を窓から眺めていた。手術を受けた後、麻酔が覚めてから四～五時間して、やっと氷の小さなカケラをもらえた。ガーゼ交換が痛かった。頭さえ自由に動かせなかった。天神祭の夕方、やっと床上に起きられた。母に寄り掛かって七～八分、賑やかな川上のお祭りを見物した。手術後初めて立った時、ふらついてすぐ倒れたのは情けなくて、泣き出したいほどだった。（大正一〇年一〇月号「暑かりし日を偲て」）

初瀬は病床からこんな歌も寄せている（同号「病床にて」）。

真夏日の射照るこの日も知らぬかに汗もみどろに舞へり友等は
楽しくも歌ひつ舞へる友の上をおもひゐがきつ病み伏せるなり
友どちは今日のこの今歌ひ舞ふとおもふにさへも涙湧き出ぬ

文法的に少々あやしいところもあるが、少女の傷心は痛い程伝わってくる。
八月五日、池田の回生病院に転院。一四日、パラチフスで入院していた秋田露子が退院したと思ったら、入れ替わりに春日花子と泉蘭子が入院してきた。
初瀬は二二日に退院することができたが、その後は毎日通院し、大きいほうの傷口にはまだガーゼが入っている。それでも半年前とは天地の差ほど身体が軽く心地好くなった。小林校長には「出るな」と言われたが、秋季公演からは出演しますと「歌劇」誌上で宣言する。大病をして大手術をしても、舞台に立つ者としての誇りと責任感が芽生えていた。

正岡容の恋人

翌年秋の東京公演出発直前、しかし初瀬は再び倒れて、病臥を余儀なくされる。大正一二年（一九二三）秋に三度倒れた初瀬は、老婆さんを伴って渡瀬しも子と共に道後温泉へ療養に遣られた。一一月一五日、渡瀬よりも一足先に帰って来た初瀬は予想外に肉付きが良くなって、顔の色も健康的に日に焼けていた。「これ見て下さい。こんなに肥えたでせう」と初瀬は自慢そうに自分の頬っぺたをつねって見せた（大正一二年一二月号「肥えた初瀬音羽子」）。
以上が「歌劇」に掲載された顛末だが、初瀬の道後行きには実は背景があった。当時初瀬は二歳年下の作家で寄席研究家の正岡容（一九〇四～一九五八）と交際が始まっていたのである。正岡の回想録『わが寄席青春録』には「宝塚の人気スター」とあるだけで名前は明かされていないが、内容から初瀬であることは明らかである。

当時正岡は『文藝春秋』に発表した『江戸再来記』（一九二三）が芥川龍之介に絶賛され、日本大学芸術科を中退して、文筆活動に入ったばかりだった。正岡が最初に宝塚少女歌劇を観たのは、胸に金ボタン、肩から鞄を斜にかけた、本人曰く紅顔可憐な中学生の時だったという。大正八年（一九一九）、東京発の夜行列車で来阪し、公会堂劇場で『蟹満寺縁起』を観劇した（大正一三年一二月号「宝塚人情噺」）。いるる少年が一五歳になる年の夏休みだった。

同じ年の秋季公演にも再訪し『燈籠島』などを観劇、その後も翌大正九年（一九二〇）春季公演『金平めがね』、同年夏季公演『八犬伝』『夢若丸』、大正一〇年（一九二一）秋の月組公演『由良の荘忍ぶ草』『杓子ぬけ』、大正一一年（一九二二）夏の『山の悲劇』など、中学校の長期休暇とは関係なしに遠路はるばる何度も来宝している（大正一三年一月号「宝塚懐古賦」）。

正岡が「歌劇」に寄稿するようになった経緯はわからない。早熟だった正岡は大正一一年（一九二二）中学五年生の時すでに歌集や小説紀行集を発表しており、この年の一月号に「椿餅」というエッセイを寄せている。編集部に出入りしていた作家の大島得郎と知友で、それで声を掛けられたのかもしれない。同じ頃「歌劇」に寄稿していた今東光が若造の分際で毒舌の限りを尽くしているのに対し、正岡の文章はあくまでも青年らしく謙虚で爽やかである。

初瀬とつき合い始めたのは、関東大震災（一九二三）をキッカケに関西に移ってすぐの頃だったようだ。正岡は数え年の二〇歳、初瀬は二二歳だった。大阪ミナミの法善寺にあった寄席の紅梅亭で一緒に三代目・柳家小さん（一八五七〜一九三〇）の『堀の内』を聴いた。初秋のことで、正岡の麦藁帽子を自分の膝の上に置いてくれたことが嬉しかった。ではあるが、初瀬はすでに大スターであり、男連れで人目のあるところに出たために、おずおずとして落ち着かなかった。

実はこの時は初瀬の母と三人連れだったので、それ以上のことはなかったのだが、どうやらこれが学校側の耳に入ったらしい。二人は仲を裂かれて、初瀬は病気療養を名目に道後温泉に行かされてしまったというのが真相だった。この時の正岡の吟詠が、「歌劇」の巻頭に掲載されている。編集部の若い仲間たちは、皆、事情がわかっていたのかもしれない。*2

この湯ぶね玉虫いろに泣きぬれて土耳古風呂よりかなしきはなし
くちづけの悩ましさにも少し似て土耳古風呂よりかなしきはなし
吾妹子にあひしにも似し胸さわぎ土耳古風呂よりかなしきはなし

（大正一二年一二月号「土耳古風呂〜宝塚温泉譜〜」）

歌はあくまでも詩的かつ抒情的だが、後年の回想録にはもっと散文的かつストレートに「取り残されたこの私の、いうようなき失望よ、落胆よ、また悲嘆よ」と綴られている。

正岡と初瀬とはあくまでも、プラトニックな関係だった。正岡はそう言っている。そのため二〇年後の回想録の時点でまだ「つい十年ちかく（前）まで不忘の幻になって目先に蘇り、私の半生を苦しめぬいて困った」と書いているのだが、初瀬が道後から帰ってきた後も、二年ほど二人の交際は続いていた。翌年の九月、休暇を取って上京してきた初瀬と正岡は、築地小劇場でゲオルク・カイゼルの

『瓦斯』を観劇した。その帰り路、月の淡い築地河岸で、二人は幾度か熱いくちづけを交わした（正岡容『わが寄席青春録』）。

学校が道後以降の二人の関係に気付いていたかどうかはわからない。ひょっとしたら、学校が初瀬を道後温泉にやったのは、仲を裂くためでなく初瀬を新聞や雑誌の醜聞記事から守るためだったのかもしれない。いずれにせよ、正岡は出入り禁止になることもなく、「歌劇」への寄稿はずっと続いていた。大正一三年（一九二四）一月号には「宝塚懐古賦」として短歌一五首を寄せ、短期連載「宝塚人情噺」の最終回では、少年時代に見た記憶を追想している。

宝塚の歌劇を初めてみた少年の日、「膝栗毛」の幕あきで、激しい白雨が外で降り出し、それがめっぽう綺麗だったこと。その頃「宝塚」と言うと、赤松と街道のお汁粉屋と、そうして夏も燕が多かったこと。歌劇の小屋は花屋敷のように仄暗く、宝来橋がもっとやねやねしていたこと。雲井浪子という人や大江文子という人がいたこと（大正一三年一二月号）。

宝塚の花のみちには今もアカマツが聳え、傍らのショッピングモール「花のみちセルカ」には、毎年のようにツバメが飛来してくる。

美しいおもひでは、ほんとうに斯くも、読者よ、つきないのである。そしてこんなに沢山のおもひでを若い作者はかかへては、いつもひとりうつうつとさめやらぬ夢見心地に耽ってゐるのである。思へば宝塚といふ名もなつかしい、そしてその町並もなつかしい、恋しい街だ、いい町だ。やがて訪れてくる春には、緋桃の花がことしも咲かう。武庫河原に立つ絲遊は、私の哀れな情懐もよく知ってゐることだらう。（略）あたたかい、いでゆの街よ、恋の郷里よ。

（大正一三年一二月号）

この随筆のいるる青年と、喜怒哀楽、感情の起伏が激しく、賑やかで酒癖が悪かったという後半生の正岡容像とはどうもイメージが一致しない。落語のみならず浪曲、漫才あらゆる大衆芸能をこの上なく愛した作家・正岡の許には、三代目・桂米朝（べいちょう）（一九二五～二〇一五）、小沢昭一（一九二九～二〇一二）、大西信行（おおにしのぶゆき）（一九二九～二〇一六）ら多くの弟子が集まったが、弟子たちが語る師匠の奇行やエキセントリックでハタ迷惑なエピソードは枚挙にいとまがない。*3

初瀬と別れたのち、正岡は何人かの女性と結婚を繰り返し、時には心中未遂騒動を起こしたこともあった。それを初瀬の面影を追い続けていたと見るのはロマンチックに過ぎようが、長男でありながら物心がつく以前に大叔父の家に預けられ、そのまま養子となった正岡にとって、宝塚はふるさとであり、温かく理解の深かった初瀬は母のようなものだったのかもしれない。

病室にて

学校のスタッフの手記から、生徒らが入院していた池田の回生病院の様子を窺（うかが）い知ることができる。日が暮れて暗い生け垣が続く坂道を山手に向かって登って行くと、回生病院の門が明るい光を投げている。玄関の敷砂（しきすな）を踏み、廊下を奥に折れると温泉宿のような庭園。別館に続く屋根のある渡り廊下をトントンと足音を立てて行くと、先述の春日花子が肋膜炎で入院している特等のX号室である。和室八畳の室内には〝百燭（しょく）灯〟の明かりがまるで真昼のようにあふれ、宝塚の駅で今しがた別れたばかりの三人の生徒が先にお見舞いに来ていた。

「此処（ここ）へいらっしゃるのなら、お供しますのに」

「君達こそさう云へばいいのに」

「さう云へば叱られるかと思ひましたから」

春日は白いシーツをかけて幾重にもかさねた布団の上に座って微笑んでいたが、

「もう余程いいのですよ。そんなに痛まなくなりました。ただ御飯を食べた後に少しばかり痛むだけですの。さう云ふと院長さんは『それは神経です』って仰有るのですよ」

最近は看護婦さんに付き添われて裏山に朝夕の散歩に出るのだと、山道や田圃を撮った写真を見せてくれた。

春日の隣室には泉蘭子が入院していた。泉の部屋も春日と同じ日本座敷で、床の間の花瓶には、鶏頭や桔梗や女郎花などの秋草が活けられていた。見舞いを終えた筆者が病院の玄関を出ると、院長の令嬢が弾くピアノの音が植え込みの彼方から漏れてきた（大正一〇年一〇月号「お見舞に行く―春日花子泉蘭子を池田に―」／白楊）。

以上はほぼリアルタイムでの報告だが、七年後、この時の泉蘭子の入院について、同じ筆者（と思われる）がもう少しだけ詳しく回想している。

泉は腹狭索（腸狭窄か）だった。病室は本床に違い棚の付いた八畳の日本間で窓だけは洋風、病臥していると、夏の西日に照りつけられてゆらめく白楊の高い梢だけが見えた。前回のレポートに添えられたペンネームはここから来ているものと思われる。春日の病室には見舞客も多かったが、泉は近隣に近親者がおらず、たまの休演日に仲の良い生徒が来るだけだった。

「何もありませんから、これでも召しあがって頂戴」

と言って、泉はドロップスを缶ごとひっくり返してくれた。床の間の花瓶にはグラジオラスやカーネーションの花束が活けられていた。

「Mさんがもって来て下さったのですよ」

そう言って泉は微笑んだ（昭和三年四月号「『公開状』と病める花形達」河原蓬）。

泉はこの年退団し映画女優に転身。大ヒットした映画『籠の鳥』（大正一三年）に主演し大人気スターとなった澤蘭子その人である。大正一五年（一九二六）久し振りに宝塚を訪ねた澤こと泉は、早朝六時前から夕方六時頃まで連日ロケが続くという生活について、

「こんなことをしてゐる中に青春は老いゆくんですって。わたし達はスクリーンに自分自身を見ることの楽しさと、つらさと、それを繰返し々々して活きてゆくだけの運命、宵暗に輝くきらめく大空の星、それがスターですって……」

と語っている（大正一五年四月号「昔のおもひ出」帝キネ　澤蘭子）。

なおこの文中のMさんというのは、松竹楽劇部に引き抜かれたピアニストの松本四郎のことである。松本四良名義で作曲した「桜咲く国」はOSK日本歌劇団のテーマソングとして現在でも歌い継がれている。

夢よ

こうして見ると、病気に倒れた生徒たちは、非常に良い環境で入院・療養できているように見える。もっともこうした情報をあえて誌上で公表するのは、世間からの非難を和らげるということもあったのだろう。だがしかし、その後も入院する生徒は後を絶たなかった。

胸いたむ、窓の若葉の薫る日なり、薬に噎せて伏して眼を閉づ。
いつまでも病む身はかなし寝ながらに、友を恋ひつつ雲雀を聞くも。

（大正一一年八月号「血の揺らぎ」沖津浪子）

高峰妙子は公演先の名古屋で胃痙攣のため愛知病院に入院。胃潰瘍で倒れた笹原いな子は、一時は生命も危ぶまれた。回生病院に入院中は、母と門田芦子が看病に訪れる以外は面会謝絶だった（大正一二年一二月号）。こうした状況を受ける形で、ついに小林自らが「私からおわびを申上ます」と謝罪文を寄稿する事態となる。「生徒も養生を第一とし、又無理なことをしないやうに注意しました」（大正一三年一月号）

しかしそれでも更にこの年は、槙野のぼる、山野みよ子が、そして翌年九月には長らく舞台に姿を見せず、お嫁に行ったのかと思われていた稲葉とし子が逝去した。瀧川末子のキビキビとした日舞に対し、しとやかで気品のある稲葉の舞は「微風の気韻」と評された。イチジクの実が好きで、いつもおとなしく、つつましく、何事にも控えめだった。

「今度、よくなったら、私ね、もう先生方に駄々をこねないで、おとなしくお言ひ付けを守るわ。私、今やっと随分、我儘だったと思って、恥しくてならないの」

（大正一四年一〇月号「いいえ、あなたは生きてゐます ―― 次ぎの世界に行った稲葉さんへ ――」奈良美也子）

病気や死が現在よりも遥かに身近だったかもしれないが、少女歌劇の厳しい現実がそこにはあった。

生徒たちの日常に戻ろう。大正一三年（一九二四）の夏のある夕べ、筆者は門田芦子である。

塩尾寺の山の中腹にもくもくと重ってゐた入道雲が真紅に焼けただれて、温泉の煙突から吐き出される煙は、真直ぐに、高く、高く、淡い暮靄の色の漂ふた大空に立ちのぼって居りました。

塩尾寺が鎮座する山は、大阪梅田から阪急電車で宝塚に向かうと、正面左手に見えてくる。温泉街から西に望む東六甲の東端、塩尾寺は宝塚駅から宝来橋を渡って登ること約一時間、宝塚から須磨に至る六甲縦走路の入り口である。現在は山の中腹まで団地が造成されている。門田は自問する。

数年前から舞台の上で、男の役ばかりしてゐる私には、いつの間にか自分でも気づかないうちに、その態度にも、話し振りにも、男らしく、といふ感じが染み込んだのか知ら。（略）だんだん私から女らしいといふ感じが消えて行ってしまふのか知ら。たまに舞台で女役を演らされても、男のやうにぎごちないと皆から言はれる。今に私には、女といふ感じはどこにも見出されなくなってしまふだらう……（略）いや、そんな筈はない。そんなことがあるものか。

「私は女だ！」

（大正一三年八月号「微かなる哀歌」）

彼女が宝塚の男役断髪第一号となるのは、もう少し先の昭和七年（一九三二）である。宝塚の歴史に名前を残してはいないが、三好野秋子という生徒が「学校の或る一日」というタイトルの手記を残している。赤塗りの下駄にコマをつけたのを履いて教室でスケートをしていて金先生に見つかり、お尻を打たれてスケートは没収された、というような他愛もない日常を綴ったあと、

私には人生なんてむつかしい事は分りません。でも夢の様なこの頃が、又一とせ、後かたもなく消えて行くかと思ふと、惜くって惜くって仕方がないのです。（略）ふっと十年程先きの事を思ひました。其の時、其の時には、もう春野（若子）さんともさやうならをしてゐるのでしょうか。い

くら私が好きでも、これもみな乙女の頃のはかない物語りとすんで行ってしまってゐるのか知ら。

（大正一四年一月号）

一〇〇年の間に、夢のような少女たちのどれだけの物語があったことだろうか。

＊1　大丸京都店から四条通を東に行くと現在も「田中彌」という京人形店があり、ショーウィンドーには市松人形や他の人形が並んでいる。

＊2　昭和三年（一九二八）二月号掲載の「スターの家庭訪問　初瀬音羽子」の記事の最後に、インタビューを終えて記者を玄関まで見送りに出てきた初瀬の寒そうな肩を見て、正岡の「旅に出て七日ききたる小ゆるぎの夜の潮に似たる潮よ」という短歌を思い出すという件がある。

＊3　正岡容著／大西信行編『定本　日本浪曲史』（岩波書店、二〇〇九年）には、「小沢昭一氏を連れて、女郎の運動会を見た帰り、ベロベロに酔っ払って、電車内で浪曲をやり始める。終いには歩けなくなって、小沢氏の背中で小便を漏らす」というエピソードが紹介されている。

第8章

関東大震災と市村座

尾上菊五郎一座　四月興行脚本集。

『宝塚グラフ』とあるが、現在も続く『宝塚ＧＲＡＧＨ』とは別シリーズである。

「歌劇」に記録された関東大震災

大正一二年（一九二三）九月一日、関東大震災が発生した。

平成七年（一九九五）の阪神・淡路大震災とは違って本拠地宝塚が直接被害を受けることはなく、「歌劇」も通常通り発行されていたが、それでも誌上には震災の体験談や関連記事が何編も掲載されている。東京在住だった初代編集長の寺川信はこんな風に記している。

今ひと揺りゆすれば潰滅（かいめつ）するに決まってゐる家に寝たり、迫り来る猛火に頬が熱くなるまで警戒したりしました、またある時は火の海の街を行過ぎて人を捜したり、（略）倒壊せる死の町をくぐりぬけたり、人間で車体をかくしてしまって窒息しかねない汽車に乗込んだ東京脱出の夕暮のことや、土砂崩壊で危険だとされてゐた笹子隧道（ずいどう）のなかで、汽車が忽然（こつぜん）停車し逆行を初めた夜更のこと——横浜から小田原にかけての惨害を知ったのは、前橋駅あたりに遁（のが）れて来てからのことでした。[*1]

（大正一二年一〇月号「剪灯新話」）

ヨーロッパ留学中だった音楽教師の高木和夫の許にも震災の報は届いた。九月二日スイスを旅行中、汽車の中でフランス人から新聞を見せられた。「昨日の正午、富士やまの大爆発と共に大地震を惹起（じゃっき）し、東京横浜は全滅。その他のことは電信不通で詳細には解らぬが、今迄（いままで）の世界の歴史になき程の大地震であるらしい」「お前達の国はなくなってしまったが、之（これ）から一体どうする気だ」（大正一四年六月号「西班牙の闘牛と音楽」）

時差が八時間あるにしても、不正確ながら極東の震災のニュースが、翌日にはヨーロッパにまで伝わっていたことに驚く。「日本の損害は到底永久に回復の見込みはない。少くとも一（ワン）ジェネレーションは世界の文明から後れるだらう。此の一大打撃は日本をして四等国の列にまで引き落しはすまいか」というアメリカのプロパガンダも耳にした（大正一二年一二月号「異境にて大震災の報を聞きて」）。

「歌劇」には詠草も寄せられた。

焼跡に雨の降る夜はとろとろと鬼火の燃えぬ青き火を見ぬ
さみだれのそぼ降る夜に歌劇見し其の帝劇のむくろかなしも

（大正一二年一一月号／東京・秋田愛二）

こうした状況を受けて、宝塚音楽歌劇学校は九月三日・四日両日の公演収入一二〇五円四〇銭を全額義捐金とし、生徒たちが縫った慰問袋と共に大阪毎日新聞に託送することを決定。慰問袋の内容は、堅パン、ビスケット、缶詰、食パン、ナイフ、紙、タオル、鉛筆、ハガキ、「宝塚少女歌劇石鹼」、歯磨、小さい子供のための絵本などだった（大正一二年一〇月号「慰問袋を縫って」久方静子）。

そして誰もが皆、不安で不自由な生活を余儀なくされているであろう東京の人たちのことを心配し、心を痛めていた頃、匿名の投稿が「高声低声」に掲載された。

思ひ起すだにも戦慄すべき彼の大震大火に家を失ひ財産を捨て、僅かに身を以て焦熱地獄より逃れ出で、生の楽も何等の慰安も持たず、焼野原にて数日間露命をつなぎたる私が、はからずも区吏によって御校慰問袋を手にしました。其時の喜びは何に譬へんもなく、只々感激の涙の流れるのをおぼゆるのみでした。当時は喜びのあまり筆をとることも叶はず、拙き筆ながら、此処に歌劇紙上を借りて深く御礼申上ます。

（大正一二年一二月号）

生徒たちの慰問袋は、ちゃんと被災者の許に届いたのである。

震災では、東京公演で宝塚とも縁が深かった帝国劇場をはじめ、市村座、新富座、本郷座、明治座、有楽座、新築中の歌舞伎座など名立たる劇場が軒並み損傷を受けた。小林は震災により明治維新以来五十余年間に築いた日本の文化物創造物は変化し、劇界の革命も劇場の罹災によって急転直下的に襲来するだろう、と説く。

――東京の再建と同じく、劇界も理想的計画が樹立され、国民の芝居、民衆本位の劇場が打ち建てられ、劇の内容も変化して一大革命が襲来するに違いない。現状の破壊を恐れ、改革して来なかった東京の劇界が焼滅した今、自分のような実業家としての「素人論」をもってしなければ、何事も解決しない。今こそ大劇場の建設と、それに相応(ふさわ)しい脚本・俳優・芸風が求められる時である――（大正一二年一〇月号「劇界の革命来らんとす」）。

小林の「大劇場主義」は震災が起こる以前からの主張だった。もともと民衆のための「国民劇」であったはずの歌舞伎は、明治以降、政治家や富裕層のためのものになっていた。これを再び民衆の手に取り戻すには座席料金を安くすることが不可欠であり、そのためには座席数の多い大劇場で、公演回数を増やすしか方法はない。

――大劇場で日本の芝居は無理だと言うが、歌舞伎はいくらでも変化できるし歌劇化もできるだろう。声が聞こえないなら聞こえるように修練せよ。舞が小さくて困るならば踊り狂え。脚本がなければ作れ。三味線の音では通らないと言うなら音の大きな西洋楽器へと国民の趣味に合致する変化を導け――（大正一二年六月号「大劇場の反対者へ」）。

宝塚で歌舞伎を

大正一三年（一九二四）ついに六代目・尾上菊五郎（一八八五〜一九四九）が宝塚の舞台に立つことになった。その経緯と交渉の過程を小林は「歌劇」誌上に公表している（大正一二年一一月号「宝塚と菊五郎との話」）。

地震から二週間後の九月一二日か一三日頃、市村座の田村専務と座の運営に関わっていた劇作家の岡村柿紅（一八八一〜一九二五）が訪ねてきた。品川〜御殿場間の東海道線が全線不通になっていたため、海軍省が派遣した軍艦で東京・芝浦から静岡県の清水港まで来て、そこから汽車に乗って来阪した。

菊五郎一座を宝塚の歌劇場で公演させていただけないか、という相談であった。東京の俳優は地方巡業に出るか、もしくは大阪に本拠を移すことになるだろうが、大阪の松竹は帝劇の俳優を一任されたために菊五郎一座を受け入れる余裕がないのだという。

小林が二人に提示した条件は、観劇料を安くして、ただし俳優の給料は減額しないということだった。東京では一日五時間公演で座席料金は七円だったが、これを二円から一円程度とし興行日数を多くすること。そしてクダラナイ冗費を省くこと。例えば大阪のある俳優の給料は五〇〇円だったが、作者・道具方・囃子方・衣裳方・下足番・風呂番への祝儀、そして花柳界との連絡費を差し引くと、残りは一〇〇円になってしまうということもあった。

昔から歌舞伎界と花柳界とは縁が深かった。かつて芝居小屋近隣の料亭や待合茶屋が座席券を取り扱っていたこともあり、明治以降近代的なチケット制度が導入されるようになってからも、両者の関係はずっと続いていたのである。

有産階級のための市村座と家庭本位の宝塚とでは客層は全然違う、それでも俳優はやっていけるか、と小林が訊くと、二人は「大丈夫です」と。一〇月二日、再び小林を訪ねた田村と岡村は菊五郎は小林が提示した条件に大賛成である旨を伝えた。こうして大正一三年（一九二四）の二月・四月・六月宝塚中劇場で菊五郎一座公演が実現することになった。その間少女歌劇はどうするのか？　パラダイス三階の小劇場で公演するのである。

六代目・菊五郎は当代一の役者であり、舞踊界でも憧憬の的だった。しかし宝塚の舞台に立つとなると話は別。この件が報じられると、案の定、高声低声欄は一斉に反対の合唱が起こった。

> 今更に宝塚に歌舞伎劇をやると云ふその事の成否はさて置き、第二次的に見られやうとする少女歌劇のみじめさを考へない訳に行かぬ。（大正一二年一一月号）
>
> 一座がどんなに心を改めると言った処で、過去の生活を無視する訳には行くまい。（同・一一月号）
>
> 宝塚の終りといった様な気がします。清い少女の可愛いい足に踏まれてゐたステージも、荒々しい私の一等嫌いな御芝居の役者に踏みにぢられるとは。（同前）

そこまで言わなくてもと思うが、宝塚少女歌劇がアンチ浅草であると同時に、反・旧劇の立ち位置からファンを拡大してきたことを思えば、菊五郎一座の来演が〝暴挙〟と映っても仕方がなかった。そもそも宝塚少女歌劇とは、小林自身が「鴈治郎や延若の芝居が好で是非見たいけれど、子息や娘には見せ度くないから連れてゆくことが出来ない」時代に「家族連で面白く見られ得る歌舞劇」を目指して創り上げたものだったのである（大正八年一月号「生徒の前途はどうなりますかといふ質問に対して」）。

苦情は当然小林の耳にも届く。「従来の宝塚の空気、家庭本位に集団してゐる楽しいパラダイスを混濁せしむる」「可憐なる生徒を万一にも堕落せしむることがあったらば、それこそ宝塚少女歌劇は破滅である」等々。だが小林は商売のために市村座に小屋を貸すのではない、と言う。商売だったら少女歌劇だけやっていたほうが利益がある。しかし旧来の劇場のあり方に反感を持っている芝居ファンやその家族が満足できるような娯楽施設を提供することは決して無意義ではないだろう。

日本の芝居なるものは（略）家庭本位に、国民のすべてが容易に見物し、観賞するやうにしなくては駄目である。（略）菊五郎来宝は、我劇界の為めに、新に進みゆくべき道を指示することになるかも知れないと思ふ。

（大正一二年一二月号「菊五郎来宝の可否」）

そもそも小林は根っからの歌舞伎ファンだった。パラダイス劇場時代に小林は歌舞伎に題材を採った作品も書き下ろしており、とりわけ近松二百年祭の大正一一年、浄瑠璃台本はほぼそのままに、唱歌とオーケストラ伴奏を付けた『丹波与作』は、秋の帝国劇場公演でも上演された。

中には「新しい試みにも程度というものがある。原作のしんみりした気分が滅茶苦茶に叩き壊された」（仲木貞一／劇作家・演劇評論家）、「大胆を通り越して無謀。少女歌劇の特質と相反し過ぎている」（岡村柿江／劇作家）という手厳しい批判もあったが、「『重野井子別れ』は長い双六の場面がダレ場になるのだが、ダレるどころか頗る面白い」（河竹繁俊／演劇学者）、「オーケストラと振付との調和も取れていて、三味線とは違った味わいを見せている」（澤村宗十郎／歌舞伎役者）、「新しい試みで、あれだけ見物の涙を誘うのは大成功」（平山蘆江／小説家）等々それなりの評価をもって迎えられた。

特に宝塚少女歌劇を創設の年から観ていた七代目・松本幸四郎（一八七〇～一九四九）は、「定めて妙なものが出来上ってゐるのではないか」と舞台上手袖から観ていたところ、だんだん心を引きつけられて、これは是非とも父（二代目・藤間勘右衛門）にも見せておく必要があると思い、家に使いを走らせたり、人力車を迎えにやったりして大急ぎで来てもらい、二人で熱心に見物したという（大正一一年一二月号「文芸諸家の帝劇公演に対する批評」）。

こうした成功体験もあってのことだろう、新しい「国民劇」が歌舞伎の改良から生まれてくる可能性について、小林はますます確信を深めていた。「六代目は新しく生れた大劇場に舞踊を中心としたドラマチックダンスを創造すべく勧誘したい。舞踊劇として『土蜘蛛』や『紅葉狩』や『大森彦七』や、あれ以上に、内容も外観ももっと充実した大袈裟なものを創作する事」（大正一三年三月号「六代目へ」）と期待と展望を述べている。

かくて六代目・尾上菊五郎は、大正一三年（一九二四）一月三一日夜行で大阪に着き、その足で宝塚にやって来た。二年前に完成した宝塚グラウンドでキャッチボールに興じたあと、夕方から夜一二時過ぎまで中劇場で舞台稽古を行った。翌日二月一日の公演初日は扁桃腺炎で四〇度の発熱があったが、それを押して初日の舞台を勤めた。市村座の田村専務は「ナニ役者といふものは、それは致方がありません。大丈夫です。持病ですから直ぐ治ります」と言って小林を驚かせている（同前「六代目へ」）。

いっぽう市村座の若い団員たちは、阪急電車の切符を貰って大喜びである。

「君、平野町の梅月っていふ家のてんぷらは素的だよ。今晩一緒に食べに行かないか」

「僕はね、神戸の元町三丁目の横町に十字架のついてゐる滅法うまい珈琲店を見つけたんだ」

「そんなものより寿司が食ひたいな。まぐろのにぎりを……」

楽屋では男女蔵君――四代目・市川男女蔵（一八九八～一九六九）――が謎々を出している。

「チビでおしゃべりで、白髪頭と禿頭、とは何だ」

皆が腕組みして考えていると、

「阪急の小林専務と市村座の田村専務だ」

栄三郎君――七代目・尾上栄三郎（一九〇〇～一九二六）――は小柄な丸尾長顕に「小型自動車」という渾名を付け、他の団員らは暇さえあれば楽屋前の檻の猿をからかったり、弁当を自分は食べずに猿にやったりして可愛がっている。彼らは皆無邪気で罪がなく気持ちがいい。そして真面目だと堀正旗は書く（大正一三年三月号「蛇に怖ぢざる盲人の語」）。

実は前年の四月に新舞踊の研究会「踏影会」大阪公演の舞台稽古のため男女蔵、栄三郎らは一度すでに来宝していて、その時のスナップ写真が「歌劇」に掲載されている（大正一二年六月号「宝塚の舞台に於ける踏影会の練習」）。昔の役者の写真は晩年になってからのものが多いが、ここに残されているのは若き日の彼らの姿である。現在の若手歌舞伎俳優と変わらぬイケメンたちであった。

五月二六日には宝塚運動場で市村座と歌劇団管弦部との野球試合が開催された。市村座の選手は菊五郎に男女蔵、三代目・尾上鯉三郎（一八九七～一九七四）、五代目・尾上新七（一八九八～一九八〇）ら。宝塚側は岸田辰弥、金健二ほか。応援は歌舞伎チームが太鼓、鉦鼓、笛、拍子木を担ぎ出し、管弦部チームはホルン、トロンボーン、チュウバ、チンパニー、ピッコロ等を天地も崩れよと鳴奏した。結局二五対二四という大接戦の末、管弦部が勝利した（同・七月号）。

「歌劇」三月号には「生れて初めて芝居を見た二学生の市村座印象記」という記事が掲載されている。執筆者の一人は京都帝大法科三年生の平賀毅君、もう一人は第三高等学校三年生の平賀練吉君。エリート学生である。

毅君は「活動党」つまり映画ファンで成績は中等以下、「蓄音機音楽」と「批評略解文芸」に興味を持っている。旅行と端艇（ボート）が好き。これまで高い芝居を観にいく経済的余裕がなかった。要するに宝塚で観る菊五郎一座は安い、ということを言っている。『寿曾我対面』『双蝶々曲輪日記』『棒縛』『人情噺文七元結』の感想を記したあと、「あの劇場一ぱいの見物が一つには嬉しいでした、仮令騒しくても何でも民衆化といった様な気分が出てゐるのが」と結んでいる。

三高の練吉君は、『文七元結』を場末の仁輪加芝居の一座で見たことがあるらしい。「かかる芝居の民衆化に感謝します。全くこんな風にして、すべての人々が比較的平等に見物したいものです」。幕間が短いのも良かったそうだ。余談だが、二人とも現在なら「よかったです」「嬉しかったです」とするところを、「いいでした」「嬉しいでした」と書いているのだが、これは彼らのクセか、それとも当時はそういう言い回しがあったのだろうか？

同姓の二人は兄弟だったようだ。父は第4章の音楽歌劇学校新校舎で講話をしていた阪急電鉄社長の平賀敏。ぶっちゃけ身内によるステルスマーケティングである。平賀毅（一九〇一〜一九五〇）は敏の三男。のちに富士火災海上保険株式会社（現・ＡＩＧ損害保険株式会社）の社長となった。平賀錬吉（一九〇二〜一九八五）は四男。昭和六年（一九三一）アマゾン開発青年団副団長としてブラジルに渡り、「ブラジル移民日本人の父」と呼ばれ、彼の地で天寿を全うしている。

行き違い

しかし二月の菊五郎公演では、こんなことも起こってしまった。

田舎のお婆さんが三つ四つの小さい子供を連れて座席券を買いながら、「へえ二円だっか、ゑらう高うなりましたのやなァ、もとは確か三十銭やったのになァ、歌劇はゑらい人気やさかい、当り前やらうけれどなァ」

客席に入ると、ちょうど幕が開くところだった。「ほれ、坊や、綺麗綺麗姉ちゃんが出て来やはって、面白いぜ。見てや見てや」。ずっと様子を見ていた投稿者が「今は歌劇はお休みで、菊五郎の芝居なんですよ。だから高いのです。歌劇は矢張り三十銭の座席料です」と教えてやると、「へエー（……）お芝居だっか、それで高おますのやな。歌劇は矢張り三十銭だっか。坊つまらんなァ」（大正一三年三月号）

チケットを買う前に誰か教えたりぃや、と思う。

四月は中劇場で菊五郎の公演、パラダイス三階小劇場で前半は花組、後半は月組が同じプログラムを続けて上演している。公演がないよりはマシだし、続演ということ自体が初めての試みで、出演者によって演出が変わったり、それぞれの組の十八番の演目を互いに交換して演じたりと観客を飽きさせなかったが、それでもやはり軒を貸して母屋を取られた観は否めなかった。

こうして一か月半後に大劇場の開場を控えた大正一三年（一九二四）六月号で、小林は「来年（大正一四年）は宝塚少女歌劇を八回、市村座の芝居を四回、一年十二回年中休みなしに公演する」という計画を発表する（「大劇場と少女歌劇を悲観する両先生へ」）。

ただし「菊五郎の芝居が、今俄にそれに適当だとは何人も思っては居らない」、「市村座以外の芝居を公演する機会が来るかも知れない。或は又芝居をやめて、歌劇のみを公演することになるかも知れない」とクギを刺すことも忘れなかった。歌舞伎も進化しなければならないというのが小林の持論だった。しかし小林の意思に反し、菊五郎の芝居は変わらなかった。

> 私は菊五郎一座を宝塚の大劇場に公演するに就ては、（略）当然私の希望を受入れて、菊五郎一座の為めに其舞台を有効に利用し得る脚本の採用、新舞踊の実行等は着々と試みてくれるものと信じてゐた。又、天下一品である菊五郎の舞踊を大劇場にふさはしく組立てることに就ては、特に作者先生を数名選択してお願してあるに不拘、兎角気乗りがせぬので、今尚其儘である。

（大正一三年一二月号「劇界棚卸」小林一三）

そんな時、こんな投稿が高声低声欄に載った。――昨年（大正一三年）二月の菊五郎中劇場公演は一等席から二円／一円／無料、九月の大劇場公演は二円／一円／一円／五〇銭だった。それが今年（大正一四年）の四月は大劇場なのに、三円／二円／一円と値上がりしている。これは一体どういうことなのですか？――

これに対し、「中劇場で二円で見せた菊五郎の芝居を大劇場で三円に値上げするのは、正しく、大劇場論本来の面目を破ったものであります」と認めた上で、小林は読者に対し理由を縷々述べる。以下かいつまんで記す。

座席料金が安くできるのは満席になってからの話である。昨年九月の平日の入りは五分弱だった。大劇場は諸経費もかかる。興行税も四倍取られる。加えて四月は歌舞伎舞踊『保名』の清元連中（清元節を謡い奏でる一座）を招いたために臨時支出もあった。でも道頓堀で菊五郎公演をやったら、最低でも一〇円／八円はするだろう。不入りの原因はソフトの問題である。一般民衆が興味を持つような、大劇場向きの新作を創らなければならない。せめて七分の入りであれば二円、毎日満席であれば一円でもいい（大正一四年五月号）。

市村座の公演が阪急の主催だったのか、市村座への貸館だったのか詳細は不明だが、最初の交渉時に小林は「阪急が直接に芝居を興行することはできない」と言っているので、おそらく貸館公演だったのだろう。興行税や清元連中のギャラの話など観客はあずかり知らぬことだが、矛先は菊五郎と市村座に向かっているように読める。結局これが菊五郎一座最後の大劇場公演となった。

市村座側にも言い分はあったのだろうが、次の久松一声の言葉が菊五郎の立場を代弁していると思われる。

現在の菊五郎氏は、現在の菊五郎氏なるが故に尊いのです。此日本の国宝に等しい菊五郎氏に、如何なる新展を強いんとするのですか。法隆寺の塔に時代相応耐火装置の必要があると云って、町家に面する一方を鉄筋コンクリートに改築する事になったら、余りに勿体ないではありませんか。

（大正一三年四月号「小林校長咶撃」）

震災後の東京公演

こうして市村座と宝塚の関係は決裂してしまったのだろうか？　そんなことはない。のちに宝塚歌劇団の理事になった天津乙女は菊五郎に師事し、「女六代目」の異名を取っている。

そして大正一四年（一九二五）四月から六月まで仮設で復興した東京・神田須田町の市村座で、花組・月組・雪組が二二日間ずつ、一〇月と一一月にも花組と月組が各二〇日前後公演を行っている。菊五郎一座と宝塚少女歌劇団との言わば〝相互乗り入れ〟である。誌上には記されていないが、市村座の再建に阪急が資金援助をする代わりに、新装・市村座竣工の暁には宝塚の東京進出の足掛かりとするという密約が交わされていたらしい（『回想　小林一三　素顔の人間像』丸尾長顕）。

座席料金は二円／一円五〇銭／一円。仮劇場とは言え、震災前の帝劇の特等六円八〇銭／五円五〇銭／四円／一円八〇銭／一円に比べればはるかに安かった。しかしながら、菊五郎一座の宝塚公演と同じぐらい、宝塚少女歌劇の市村座公演は集客に苦労する。日曜祭日はともかく、平日の入りはせいぜい四割程度というありさまだった。

不入りの原因について、「帝都に於ける宝塚少女歌劇団の人気が薄い事」「宣伝が完全でなかったことに起因するのではないか」と投稿してきた者があった（大正一四年七月号）。投稿者によれば、宝塚は芸術性にこだわるあまり新聞広告も車内吊りも余りに貧弱な宣伝であり、「東京人はもっとアクドイ、そしてヒツッコイ色彩を持った宣伝法（いい意味での）を望んでゐるのである」としている。アクドイだのシツコイだの字面だけ追えば、それは現在ではどちらかと言うと、少なからぬ人が一方的に抱いている大阪人のイメージだと思うが、言いたいことはわからぬでもない。

不入りの原因は、要するに二〇日間という公演期間が長過ぎたからだろう。

震災前の帝劇公演の主催は、春が玄文社、秋は東京時事新報社だったが、いずれも公演期間は五日程度だった。そして特等席は六円八〇銭という値段をつけていたのだが、両者ともに震災の影響をもろに受けたようで、宝塚の公演を主催する余裕はなく、宝塚は東上に当たっては自ら主催するしかなかったのだろう。

しかし主催公演である以上、かねてよりの自らの主張通り、座席料金は低く抑えなければならぬ。かくて小林が主張する二円から一円程度という料金を維持するためには、一定以上の公演日数を設定せざるを得ず、その結果平日はガラガラということになったのだろう。

それでは前の投稿者が言うように、帝都における宝塚の人気は本当に薄かったのだろうか？　青柳有美がこんなことを書いている。東京市村座に出没する「宝塚」は、宝塚の天然なき「宝塚」だ。市村座の「宝塚」は一興行を一度見物すれば「もう沢山」との感を催し、二度重ねて見物に出かけようとの気を起こしかねる。天然のない、素の「宝塚」のみを以てして、本拠地に於ける(お)が如く見物を呼ぼうとするのは全く至難の業である（大正一四年七月号「宝塚天然稲荷大明神」）。

道頓堀には〝道頓堀情緒〟が、浅草には〝浅草情緒〟があるが如くに、宝塚を宝塚たらしめているものが〝宝塚情緒〟であることを青柳は見抜いている。「天然」とは「自然」の意味だが、ここでの

「天然」はネイチャーの自然だけでなく、「本質」「真髄」「魂」をも含む、もっと広い意味での天然なのだろう。

東京の復興とラジオ出演

公演期間が長すぎた。宣伝のあり方が拙かったせいもあるだろう。青柳が言うように宝塚の天然が欠落していたのかもしれない。しかし阪神・淡路大震災のあとも、大劇場に客足が戻るまでには何年も要した。首都を壊滅させた震災から二年足らず、日々の生活は表向きは落ち着きを取り戻していても、劇場に何度も足を運ぶにはやはりまだ余裕がなかったのではないか。市村座公演のために上京する汽車の中でふざけ合っていた少女たちの目にも、車窓の風景は否が応でも飛び込んできた。

寶塚少女歌劇は左の曲目にて
六月四日より　六月二十五日まで
雪組生徒により市村座に公演いたします

曲目

お伽歌劇　田原藤太　伊達豊作　坪内士行改修及振　古谷幸一作曲
歌劇　屋守の少將　久松一聲作及振　金健二作曲
歌劇　ユーディット　岸田辰彌作及振　竹内平吉作曲
舞踊　五人道成寺　堀正旗作詞　阪東のしほ振付　三善和氣作曲
喜歌劇　ほんもの　岸田辰彌作及振　三善和氣作曲

六月四日から六月二十五日まで　毎日午後五時より九時半まで　日曜日は正午五時半二回開演
座席料　壹圓　壹圓五拾錢　貳圓
前賣もいたしますから電話淺草（五七五七　六三五三　七五七七）番
市村座へ御掛け下されば直ぐ御配達いたします。

雪組市村座公演を伝えるタブロイド版「宝塚ニュース」より

> 箱根にかかる頃から、窓の外には恐ろしい震災を今もまだまざまざと想ひかへさせる赭土（あかつち）の断層が、青葉の山を削り取ってゐました。窓に見る家々はみんな仮小屋許り（ばかり）、中にも横浜の悲惨な姿はどうでせう。高い家とては一つもなく、地に這（は）ひついた家が並んで、まるで冬枯れの野のやう。
>
> （大正一四年七月号「淋しいニコライの塔の姿」網代木渡）

関東大震災でドームが崩落した神田駿台のニコライ堂

現在の横浜市営地下鉄高島町駅付近にあった横浜駅周辺の光景である。

東京駅前広場には大きい建物がずらりと並んでいて安心したが、自動車に乗って東京の街を見ると、粗末な家々から電灯の光が路上に漏れていた。まだ時々地震があるらしい。翌朝明るくなって旅館の窓から見た東京の変わりよう。トタン屋根、トタン屋根、板壁、板壁……ニコライ堂の塔が倒れ、円いドームが落ちてしまっていた。

> 昔来たとき九段の坂の上から、あの塔の肩のあたりからほのぼのと月の上るのを見たその景色が、ふいと私の眼に浮びました。その月ももう永久に出る宵はない。何故かしら、そんな淋しい悲しい気がしました。（同前）

しかし皆で〝銀ブラ〟したり、上野の不忍池（しのばずのいけ）のあたりを散歩したりしているうちに、生徒たちも明るい気分を取り戻してきた。銀座ももう表通りには綺麗な家が並んで、通る人の足並みも恐ろしい出来事など忘れたように、軽やかに生き生きとしていた。「東京はまた新しく生きたのですわ。生きてゐるのですわ」（同前）。急速に時代は進みつつあった。ほうぼうの家の屋根には〝ラヂオの線〟が張ってあって（アンテナのことか）、至るところに「ラヂオの受話器」もあった。

市村座公演初日の前日には、四月の花組と五月の月組の選抜メンバーがそれぞれ三月に開局したばかりの東京放送局（JOAK／現在のNHK東京放送局）に「吹き込み」に行った。芝浦にあった東京高等工芸学校（現・千葉大学工学部）内の仮スタジオだったと思われる。「ジョスランの子守唄」「青い眼の人形」「四葉のクローバー」「花」などの歌を収録した。

芝浦では録音だったが、この年の秋には、七月に移転した愛宕山（あたごやま）のスタジオから『週刊朝日』の懸賞に当選したラヂオ・オペラ『別れの浦島』の生放送を行った。総指揮は人気作家で宝塚とも縁の深かった長田（ながた）幹彦（一八八七〜一九六四）、スタッフは歌劇団側から、演出・坂東のしほ、作曲・東儀哲三郎、脚本・丸尾長顕。キャストは浦島が奈良美也子、乙姫が音羽瀧子、亀が瀧川末子ほか花組生徒たち。

一〇月九日の晩、公演終了後自動車で乗り付けた愛宕山の放送局は船のような形をしていて、〝JOAK〟と書いた三角の旗がヒラヒラしていた。「放送室」は三〇畳ほどの洋式の部屋で、床は音がしないように布張りだった。他に日本間（ま）の放送室もあった。旅館に残った生徒たちが、旅館のラヂオ器で放送を聴いてくれていた。夜の東京を見下ろすと、灯が漁火（いさりび）のように見えた（大正一四年一一月号「東京より・第一信」瀧川末子）。

一一月に月組が『あこがれ』（岸田辰弥作）の生放送を行った際には、リハーサルの日に〝ラジオ弁当〟が出た。一つの皿にビフテキとコールビーフと野菜サラダが盛り付けられ、御飯が付いていた（大正一四年一二月号「JOAK」笹原いな子）。

「ダンスをラヂオで放送出来ないかなァ」

（同・五月号「東京へ着いて」瀧川末子）。

「ラヂオが発達して大阪へも送れる様になったら、東京から毎日おたよりを送りませう」

（同・六月号「汽車の窓から宿の窓から」住江岸子）。

〝ラヂオ〟とは言わないが、全部実現している。

＊1 笹子隧道（山梨県）は中央本線、前橋駅（群馬県）は両毛線なので方向が違う。トンネル内で汽車が逆行したので西に向かうことを断念したのか、文脈からは読み取れない。

第9章 大劇場完成

旧・宝塚大劇場の客席。昭和一〇年に火災で劇場内部が全焼する以前のもの。

下足番のいる劇場

大正一三年（一九二四）七月、四〇〇〇人収容の宝塚大劇場が竣工した。現在の宝塚大劇場は平成四年（一九九二）九月竣工、翌年一月開場だが、本稿では断り書きのない限り「大劇場」は、旧・宝塚大劇場を指すものとする。同月七日にオーケストラ伴奏で舞台稽古が行われ、一七日新築披露会に阪神在住の名士を招き『身替音頭』『女郎蜘蛛』をプレ上演、一八日には落成式に職員・生徒の父兄を招待し、そして一九日には花組・月組合同公演の初日が幕を開けた。

同年八月号の「歌劇」は「大劇場落成特別号」として特別編集がなされ、巻頭には高砂松子が詠んだ祝歌が華々しく掲げられた。

ことほぎの花火の鳴ればわがこゝろさすが嬉しくはしゃぎにけり
うち黙し刷毛とりたれどまた笑みぬ大空たかく花火また鳴る
新らしきペンキの香ひにそゝられて紅を溶きつゝ口笛吹きぬ
（大正一三年八月号「花火—大歌劇場の新築を祝ひて—」）

次のページでは新劇場建築の精神が高らかに謳われた。

（新築大劇場は）この種建築の陥り易い虚飾を避け、その質と量に於て、民衆娯楽と民衆教養の為め、最善を尽して設計された。プランニングと構造と科学的設備を主眼とし、装飾の如きは最も小限度に之を省略してある。（略）かくしてこの建築は華麗でもなく艶美でもない。唯多くの人々に良い演劇を愉快に容易に観賞して貰へれば、其目的の大半は達せらるるのである。

（同号「宝塚大歌劇場建築概要」）

暖房・換気・消火・防火・浄化の各設備はいずれも専門家の設計になるものとして、

◎防火設備…建物全体が耐火的となっており、座席と舞台の間に防火扉あり、舞台間口に防火幕設置予定

◎消火設備…屋上に二百石（約三万六〇〇〇リットル）入りの水槽を設けて自動給水装置とし、場内要所に消火栓を配置

◎暖房及通風設備…地下に温気暖房装置を設けて、通風はファンを小屋内に設備

◎排水並（ならびに）汚物処理…本建築より独立して汚物処理槽を二か所設置、完全に消毒して放流（廃水を武庫川に流していた！）

そして同号にはご祝儀広告として、合名会社竹中工務店、東洋リノリユーム株式会社（現在の東リ）、川北電気企業社、桐田商会（給水衛生暖房・特許汚水処理）、三浦和三郎商会（舞台装置用ワイヤロープ）、山谷洋家具合名会社、合資会社大阪電気商会大阪暖房商会、西原衛生工業所（特許汚水浄化装置ほか）、東亜鐵工（てっこう）所（しょ）（暖房・冷房通風装置）などの会社が名を連ねている。完成したばかりの大劇場を体感した小林の感想は次の通り。

三階の最極端の隅まで、舞台に於ける普通の対話迄（まで）が能（よ）く聞える。二階の前面は舞台にも近く、見物第一等の場所と思えるが、二階全体の勾配が急な為（た）めに、出入口の窓からの風通が頭の上を

越して、暑いこと甚だしい。(略)一階席は後になると能く聞えない。オーケストラボックスが余りに深過ぎるので、一階の前部と二階、三階は音響に申分ないけれど、一階の後部は却て物足らぬといふ非難があるが尤だと思ふ。

(大正一三年八月号「大歌劇場初公演所感」)

要するに、開場当時の大劇場には、マイクも冷房も無かったということである。さらに、

下駄ばきである日本人の吾々は、(劇場の)出入に非常に手間取れる。下足人足が一人に三分を要するとすると、十人では四千人に渡してしまふのは二十時間を要する。人足を四十人にしても五時間を要する。開場時間後三十分乃至一時間以内に渡しきるには、二百人以上の人足を要するわけである。

(同号「吾吐譜」より/寺川信)

つまり劇場には履き物を脱いで入場するのが、当時は当たり前だったのだ。一〇銭出せばスリッパを借りることもできたが、トイレに行った時トイレ用草履に履き替えず、貸しスリッパを履いたまま出入りする客がいて不興を買っていた。

課題いろいろ

さて大劇場の柿落し公演は、お伽歌劇『カチカチ山』(楳茂都陸平作・振付)、舞踊劇『女郎蜘蛛』(坪内士行作・振付)、歌劇『アミノオの功績』(杉村すえ子作/白井鐵造振付)、歌劇『身替音頭』(久松一声作・振付)、喜歌劇『小さき夢』(岸田辰弥作・振付)の五本立てだった。

『カチカチ山』では、狸を海に突き落とすシーンで回り舞台をフル活用して見せ、楳茂都作だけあっ

て振付も良かったが、上演時間が一時間一五分というのはさすがに長過ぎると堀正旗が文句を言っている（同号「大劇場の公演を見て」より）。

『女郎蜘蛛』は、もともと小劇場用に構想していたものだったので、作者の坪内自身が失敗作と言う結果となってしまった（同号「大劇場に於ける上演種目は三様」）。確かに当時の舞台写真を見ると、広い舞台に空間ばかりが目立つような気もする。

『身替音頭』は、盆踊りの群舞で舞台の大きさを見せた。作者久松曰く、「両花道から出る踊子の数は、日本の如何なる舞台に於ても行はれなかった大仕掛な人員を用ひたもので、これには些か手を焼きました」（同号「大劇場に『身替音頭』上演の苦心」）。現在の大劇場の花道は舞台左右の壁に沿って設置されているが、開場当初の旧・大劇場では歌舞伎の小屋のように客席下手を割って、舞台に直角に繋がる形となっていた。「両花道」と言うと、花道が二本設置されているように読み取れるのだが、それはあり得ずいささか疑問が残る。

その花道があまり効果的に用いられていないことを堀正旗は指摘し、更に

> 宝塚歌劇団の生徒達は、舞台で一体に俯向き加減に表情をする癖がある。（略）二階や三階から見ると、下ばかり向いてゐるやうに見えて、その表情がちっともはっきりしない。（略）大劇場に於ける舞台上の表情なり思入れの目標は、宜しく二階の観客をその焦点とすべきである。
>
> （同号「大劇場の公演を見て」より）

と演者に対しても注文を付けている。中劇場にも二階席はあったが、規模も小さく傾斜もなかったため、舞台からもっぱら一階席を見下ろす演技に生徒たちが慣れていたことによるものであろう。

いっぽう舞台に立った生徒たちの感想は、概して悪いものではなかった。「新築大劇場初演の感想」（同号）に寄せられた生徒たちの感想を拾ってみると、「歌は歌いやすい」（天野香久子）、「大きい割に歌いやすい」（秋田露子・沖津浪子・住江岸子）、「音響は反響してくるので、歌いやすい。ただオーケストラは中劇場より聞こえにくく、指揮棒が見えにくいこともある」（久方静子）。

『アミノオの功績』を作曲した古谷幸一は、「大歌劇場用音楽と言って特別な音楽は存在しない。ただ独唱については、急に生徒の声量を大きくすることはできないので、何らかの工夫は必要だろう。柔らかい温順しい作曲をやるべきではないか」（同号「作曲家としての立場から」）とし、『女郎蜘蛛』作曲の安藤弘も、「管弦楽総譜表を書くに当たっては、子供達の声ができるだけ響くように顧慮はしたが、それはこれまでも考えていた」（同号「大劇場と音楽」）という趣旨の発言をしている。

これに対し、東京音楽学校（現在の東京藝術大学音楽学部）に国内留学して本格的に声楽を学んできた高峰妙子は、声楽家としての本音をぶちまけている。もともと台詞の多い歌劇では歌が充分に歌えなかったと言うのだが、

「いくら響きがいいと云っても（略）知らないうちについ調子を張るやうになってしまひます。従って肝心の歌の時には思ふ存分に歌へなくなる。誠におこがましいことながら、私は歌で生きたいと思ってゐますから、科白を多く言はせられる位なら、いっそのことあの大歌劇場が建たなかった方がいいとさへ思ひます」

（同号「新築大劇場初演の感想」）

高峰ほど極端ではないものの、「広く大きい割には、歌にしても台詞にしても動作にしても万事やりやすいが、すべて声がともすれば自然を欠いて、声楽的になってしまう」（初瀬音羽子）、「しんみり

したものを演じて効果を上げるのには、少なからず工夫と努力を要する」（門田芦子）、「自分の芸の未熟を痛切に感じる。舞台の大きさに伴い得るように、自分の芸を大きくしなければならないと思う」（若菜君子）という殊勝な声もあった。

こうした問題に対し、青柳有美は「大歌劇場へ七五調を」という奇策を提唱している。大劇場では台詞のメリハリや情が失われてしまう。歌にはそれ自体にメリハリや情が含まれているので、大劇場であっても観客の耳に届くのである。このような事態を避けるためには、台詞をオペラのレチタティーヴォのように歌わねばならないが、生徒の技量から言っても、作曲家の負担からしても、一朝一夕には無理である。

その上、それが純然たるグランド・オペラに成ってしまへば、徒に高級なる芸術品に堕落し、民衆娯楽を趣意とするエンターテインメントの性質を失ひ、「宝塚」初一の企図に反き、電車の乗客を減少し、「宝塚」の衰微を招くに至る惧れ無しとも謂へぬのである。

解決策としては、台詞を七五調にするのが最も近道である。七五調は台詞と歌の中間を行くもので、形式そのものが既にリズム的でメリハリもあり、情も籠められている。七五調であれば声を出すのもラクであり、大劇場の隅々まで行き渡るようなピッチの高い幅の広い大きな声で、歌を歌う時と同じように余裕も出てくるのではないか、という提言である（大正一三年九月号「大歌劇場へ七五調を」青柳有美）。

言わんとすることはわからぬでもない。七五調はともかく、大劇場にマイクロフォンの設備が導入されるのは、一〇年後の昭和九年（一九三四）のノンストップ・レビュー『ギャブ・ギャブ・コント』を待たねばならず、生徒たちは大いに腹式呼吸を鍛えられることになった。

四〇〇〇人劇場を如何にすべきか

演出についてはどうだったろうか。

出しものとしては何れも成功とは言へない。只だ多人数の少女をバラ撒いて綺麗だらうと言ふ程度では物足らない。対話やら仕草やらが優長でダラダラと長すぎるのが欠点である。（略）。せりふや唄が長すぎる。（略）従来の通りの演出法では必ずダレるべきものと思ふのである。（略）五つの出しものの中、其一つ位は到底他では見られない程の大規模の作品を見せるのは、確かに宝塚名物として天下無敵の名と実とを専有することが出来ると思ふから、舞台装置及背景に於て一段の研究を希望する次第である。

（前出「大歌劇場初公演所感」）

高声低声欄にもこんな声が寄せられた。

彼の旧劇場時代の涙ぐましい迄にしんみりと落ち着いた、演出者と観客の気分の融合一致の独特の境地の魅力は、今度の大劇場となっては大いに減殺された。

（大正一三年九月号）

あの広い舞台へ現はれる少女がまるで全部ではないが造り人形のやうなので、少なからず失望をいたしました。ちょうど大伽藍へ蝶がまよへる如き寂寥を感じたのです。

（同年・一〇月号）

花道の変って居る事と、オーケストラボックスの貧弱なのが眼に付きます。せめて此れ丈け大理石にでもされたなら、音響を低くしてもよくひびくのでせうが、平常から伴奏が高くて、独唱や合唱が聞き取り難いです。

（同前）

「どうも大劇場の方は只だ無暗に奇麗ばかりで、少しも面白味がない。ここ（＝中劇場）の方が衣裳もキタナイし、背景もまづい。おまけに芸もまづいけれど、それでも面白く見られるから、この方が面白いですなァ」と言う年配の紳士もあった（大正一三年一一月号「教員室にて（十月公演合評）」）。こうなれば、ここはどうしても「宝塚情緒」の生みの親である久松一声の話を聞かずばなるまい。

> 今迄の宝塚ファンが希ってゐた宝塚情緒なぞといふものは、漸次その影を潜めてしまふでせうね。（略）旧い宝塚情緒が失はれて、新らしい宝塚情緒といふやうなものが、自然大歌劇場から生れて来るでせう。兎も角も何でもこいと身構へた形です。まァ見てゐて下さいよ。
>
> （前出「大劇場に『身替音頭』上演の苦心」）

小林一三の演出構想！

そう、久松は、久松だけでなく坪内も楳茂都も岸田も皆、何もないところから少女歌劇という新しいカタチを生み出した創造者であり開拓者だったのである。

そして小林は大劇場での「国民劇」の創生を目指していた。

それが「西洋音楽を中心とした歌劇」なのか「歌舞伎劇の歌劇化」なのか「近頃流行の新舞踊」なのか「日本在来の音楽に伴ふ唄ひものや語りものの改良工夫」なのか、「軽率に断定しようとは思ひませんが」と断りつつも（大正一三年八月号「大劇場の新築落成に就て」）、根っからの歌舞伎ファンである小林の目指すものが「歌舞伎劇の歌劇化」にあったことは間違いない。誌上で「小林校長は旧劇の歌劇化なぞと無暗に若い連中を威圧して居る」とバラされている（前出「教員室にて（十月公演合評）」）。

これに対し、理論派の坪内は「小林氏は『これ（大劇場）によるに非れば国民劇の創造はむつかしい』と云はれましたが、さう一概には云へません（略）現に宝塚にも大、中、小の三様式の劇場を備へる事になつたではありませんか」とチクリと刺した上で、大劇場用の脚本はおおよそ三種類になるだろう、と書く。すなわち、

①内容や構図に於て雄大…古典希臘劇のように舞台も簡単、登場人物も少ないが、いかにも大舞台を必要とする内容が荘厳、又は深刻な気宇の大きい作。
②人数・動作に於て壮大なもの…多くの舞踊劇や（私のを除いた）大劇場柿落とし公演の諸作。
③見世物的に見た目本位の大仕掛けなもの…舞台一面を池にして船いくさをするとか、山門五三桐式の大道具でおどかすとか、舞台に本物の象や馬を使って曲馬団式[*1]にやるなど。

（同・八月号「大劇場に於ける上演種目は三様」）

山門五三桐は正しくは『楼門五三桐』、南禅寺山門の屋上で石川五右衛門が「絶景かな絶景かな」と煙管を吹かすことで有名な歌舞伎の演目である。曲馬団というのは軽業や奇術を含むサーカス団のことである。海外の大劇場がもともと常設の曲馬館だったとか、野外の劇場では実際に馬を使った演出があったということが背景にあるようだ。

いっぽう小林は企画会議で「空中の飛躍、電光や、雷雨や、黒雲や、活動写真でも、幻燈でも、何でもいろいろ応用して、飛行器で飛廻る丈でも大受にきまつてゐる」と発言したり（前出「教員室にて（十月公演合評）」）、大劇場竣工前には「インドの大伽藍に安置されている数多の仏像が一斉に火を吐く」という危険極まりないことまで考えていた（大正一三年三月号「叛逆の頁」）。

大劇場あるによって初めて生れたといったやうな、何か意義ある新しいものがほしいと思ふ。それは大道具の力によって、電気応用のペテンものでもよろしい。

（大正一三年一二月号「歌劇場の客席より」）

背景画家や、大道具の新人や、舞台照明の学士、即ち是等の舞台装置に属する人々の新しい考を基礎として、劇の舞踊化と共に一大勢力となるべき事を信ずるのである。（略）電気の力、機械の力、更に化学の力を応用して、大舞台にふさはしい、いろいろの理のシインが企てらるるに違ない。

（大正一四年二月号「大劇場の増加と舞台装置より生るる劇」）

要するに坪内が前出原稿の中で掲げた③の「見世物」つまり「スペクタクル」である。こうした小林の意向を受ける形で、大正一四年（一九二五）三月号には「舞台装置研究号」として装置や照明に関する特集が組まれている。

この頃、編集部の若手による名物コーナー「叛逆の頁」には、こんな〝心得〟が掲載されていた。

凡て大劇場に用ひらるべき歌劇に於ては、

一、道具背景など凡て大掛りなるべきこと。

一、筋、思想など如何でもよし、只見た目に華かに美しくすべきこと。

一、間のびのせぬ様、場面を転かんすること。八段返しなど殊によし。

一、曲書き、宙のり、セリ上ゲ等トリックを用ひ、人をあっと言はすべし。

一、捕手、兵士、踊子等々々凡てエキストラは多ければ多き程よろし。

右の條、堅く遵らば成功疑なし。

（大正一三年一一月号「ツーターカーメン王の碑文」村田豊治）

「八段返し」は背景の襖絵を次々上げたり回転させたりして見せる襖からくり、「曲書き」[*2]は歌舞伎の『芦屋道満大内鑑』でキツネの葛の葉が障子に和歌を書くのに筆を口にくわえたり、左右反転させて書いたりする演出のことである。「筋、思想など如何でもよし」とか身もフタもないが、当時の舞台裏の空気を伝えてなかなか面白い。

大正一三年（一九二四）一〇月の第二回公演のお伽歌劇『正ちゃんの冒険』（星朝風作）は、アサヒグラフ・朝日新聞に連載されていた漫画が原作だった。飛行船で昇天してパチン！（風船の音）「夢であったか？」という幕切れに子供たちは大喜び、「非常に気持のいいものだった」（大正一三年一一月号）とオトナたちも楽しんだが、喜歌劇『フルスピード』（坪内士行作）は「愚劣極まる汽車や、機関車・自動車に就て（略）ああいふ風に子供だましの様のものでは、徒らに人の嘲笑を買ふに過ぎない」と劇団の身内からも酷評された（同号「教員室にて（十月公演合評）」）。難しいものである。

歌舞伎、京劇、新国劇、イタリアオペラ

一〇月公演および一一月公演では、かつてのパラダイス劇場・公会堂劇場時代のヒット作『お夏笠物狂』（久松一声作）、『鼎法師』（楳茂都陸平作）のリメイク上演も試みているが、大劇場作品として初めて手応えを感じることができたのが、年が明けて大正一四年（一九二五）一月の月・花・雪組合同公演、岸田辰弥作・振付の歌劇『ユーディット』だった。好評につき、基本新作主義だった宝塚にあって、五月にも雪組ですぐ再演された。

宝塚大劇場はもちろん宝塚少女歌劇のための劇場だが、開場当初は広く外部に向けて開放されていた。中劇場時代から定期公演を打っていた市村座の尾上菊五郎一座を始め、大正一三年（一九二四）一

一月七日から一一日まで一八時からの夜公演で京劇の梅蘭芳（一八九四～一九六一）一座、同年一二月一日から二五日には新国劇の澤正こと澤田正二郎（一八九二～一九二九）とその一党が公演を行っている。

澤田は大劇場について感想を残している。最初は四角四面で窮屈に感じられたが、その制度に馴れると、気持ち良いほどに事が正確に順序よく片付き、気兼ねや遠慮なくできる。ただ劇場そのものに関しては、音響が谺して返ってくるので、しんみりした場面だと自分の声にギクリとする。広い舞台を縮めるために垂れ幕で仕切ると、背景のない場所で芝居しなければならない。また宝塚の花道は劇場の片方に小さくつけられているので、演技者と観客が感情を共有できず、無意義なものになっている（大正一四年一月号「私の演劇観と宝塚の大劇場」）。

具体的にはわからないが、近代的な舞台運営がなされていたことが窺われる。旧来の芝居小屋には、頑固で強面で職人気質の道具方がいて、この人にそっぽを向かれたら幕が開けられない、というようなこともあったのかもしれない。客席を割って舞台に直角に繋がっていた花道は、やはり下手の片側だけに設置されていたようだ。なお新国劇公演の座席料金は一律一円。席にもよるが、菊五郎一座の二円／一円／五〇銭（のち三円／二円／一円）より安い。

当時のポスターには「民衆娯楽の理

大正13年10月宝塚大劇場第2回公演プログラム。公式の記録では月組公演となっているが、実際には月組と雪組の合同公演であった。

想郷」とキャッチコピーが掲げられ、大・中・小の劇場で日夜あらゆるジャンルの舞台が上演されていた。「日本のブロードウエー・グレート宝塚」という声もあった。しかし宝塚新温泉は、あくまでも「少女歌劇」と「宝塚情緒」によってイメージ作られたパラダイスなのである。「高声低声」に寄せられる宝塚ファンの声も、決して好意的なものとは言えなかった。

新国劇や菊五郎劇は中劇場でたくさんだ。（大正一四年一月号）

六代目や澤正一派などのチョンマゲ芝居や梅蘭芳のチャイナダンス（略）は、ほんの宝塚副産物に過ぎない。（同前）

諸先生、何卒々々（なにとぞなにとぞ）本年より不良観客の卵である芝居は中止して、歌劇公演のみ御願ひ致します。（同前）

そんな中、何と本場イタリアのグランド・オペラ「カーピ伊太利大歌劇団」が、東京・帝劇公演のあと三月二〇日から二九日まで宝塚大劇場に来演することになった。総勢八〇名。上演目は『カルメン』『リゴレット』『アイーダ』『ラ・トラヴィアータ』『マダム・バタフライ』『ラ・ボエーム』『カヴァレリア・ルスチカナ』『ファウスト』『パリアッチ』など。いずれも今日も上演される人気演目ばかりであり、プログラムは日替わりだった。

それにしても、三月のこの期間は雪組公演の真っ最中である。雪組を昼公演、オペラのほうは夜公演だった。言葉の通じないイタリア人スタッフ相手に九演目も十演目も、移動公演なのでセットは簡略化されていただろうが、連日連夜吊って下ろして組んでバラして、舞台裏はさぞかし大変だったことだろう。

公演を鑑賞した高木和夫が感想を寄せている。『ラ・トラビアタ』は声楽上のみならず種々の点において破綻が少なからずあった。『セビーラの理髪師』は役者が揃い、芸がピッタリと合っていた。指揮者のカスタニーノ氏が良く歌をまとめていた。オーケストラが五〇～六〇人いたら、ピアニッシモをもっと綺麗に聞かせてくれただろう。オーケストラ・ボックスが深いため音が天井に抜け、一階へ完全に行き渡らなかった（大正一四年四月号「宝塚で公演せる伊太利歌劇批判」）。

高木は大正一二年（一九二三）五月から一年半ヨーロッパに留学し、フランス・イタリア・スペイン・スイス・オーストリア・イギリスの各地で演奏会を聴いたり、本場のオペラを鑑賞したりしているので、耳も目も肥えているのである。金健二も合唱に対する不平を漏らし、宝塚シンフォニー・オーケストラの創設に尽力したヨーゼフ・ラスカは「巡業には仕方のないことであっただろうけれども、十数人のオーケストラ・メンバーとは、些か不満」と感想を記している（同前）。

『歌劇』愛読者大会

ここで大正一四年（一九二五）一月二四日に大劇場で開催された『歌劇』愛読者大会」について触れておこう。

近年「愛読者大会」は開催されていないが、筆者が宝塚を観始めた昭和五十年代には何年かに一度各組オールスター出演のお祭りである「歌劇・宝塚グラフ愛読者大会」があって大変面白く楽しかった。特に「ベルばら四強」と呼ばれた安奈淳（花組）・榛名由梨（月組）・汀夏子（雪組）・鳳蘭（星組）がトップスターだった頃は、各スターのサービス精神も旺盛で、現在ほど公演スケジュールが過密ではなかったこともあり、各組スターの競演もあって充実したスペシャル・イベントだった。

「愛読者大会」のルーツは、大正一〇年（一九二一）七月一〇日に開催された「誌友大会」である。パラダイス劇場で洋画家・斎藤与里(一八八五〜一九五九)の講演を聴いたあと、レセプションホールで懇話会という流れだったらしい。懇話会は、楽譜集にピアノ伴奏も付けて欲しいとか、食堂がどうして不味いのかとか、なぜ和食がないのかとか、「歌劇」の読者が劇団出席者と直接話をすることができる文字通りの懇話の会だったが、この時はたった数十人しか集まらなかった。

とはいえせっかくの機会なので、篠原浅茅のソプラノや高峰妙子のヴァイオリンなどちょっとした歌や演奏も聴かせて欲しいという希望もあったが(大正一〇年八月号)、その僅か三年半後にこんな大規模な催しになるとは誰が想像し得たであろう。以下、大劇場で開催された「愛読者大会」のプログラムを整理して記す。

【第一部】

開会の辞　丸尾長顕

講演　大関柊郎

【第二部】

校歌大合唱(月・花・本科生一同)

大交響楽演奏(ヨセフ・ラスカ指揮/宝塚シンフォニー・オーケストラ演奏)

・モツァルト作曲　歌劇『魔笛』の序楽

・ベエトーヴェン作曲　歌劇『フィデリオ』より　◎高峰妙子独唱

・シウベルト作曲　未完成交響楽

第一楽章アレグロ・モデレート/第二楽章アンダンテ・コン・モート

ダンス三部曲(白井鐵造按舞)

・西班牙風舞踏（白井&有明月子）「スペイン風小夜曲」
・追懐の乱舞曲（白井ソロ）「ピチカット」
・花束「貧しきものの為に花召し給へ」
民謡調独唱（沖津浪子／ピアノ&ヴァイオリン）
・鳥の手紙
・夜の唄
マンドリン合奏（高砂松子指揮／月・花生徒演奏）
混声大合唱（金健二指揮／月・花・本科・予科生徒／管弦部男性部員）
・箴言
・諧謔
ハープ独奏（高木和夫）　◎初瀬音羽子独唱
グランド・オペラ『カバレリヤ・ルスチカナ』
サントゥッツア（ソプラノ）…マダム・ルビニー　ツゥリイドゥ（テノール）…岸田辰弥
ローラ…高峰妙子　ルチイヤ（アルト）…夢路すみ子
舞踊劇『鐘曳』（久松一声作・振付／金健二作曲）
弁慶…瀧川末子

宝塚シンフォニー・オーケストラのコンサートは、前年の二月と六月に宝塚パラダイス三階の小劇場、大阪中之島の中央公会堂でも経験済みだったが、大劇場での演奏はこれが初めてである。「フィデリオ」の独唱は、歌手として一人頭抜けた存在となっていた高峰妙子。曲名は明記はないけれども、独立して歌われることの多いソプラノのアリア「極悪人め！」だったと思われる。

高木のハープは、日本にまだ三〜四台しかない貴重な楽器だった。マスカーニのオペラ『カバレリヤ・ルスチカナ』は、前の年に中之島の公会堂で抜粋上演した舞台の再演である。サントゥッツァを演じたザヌッタ・ルビニーは音楽歌劇学校のイタリア人声楽教師。中之島での初演時には入学四年目の夢路が岸田のお母さん役をやるというので、皆が驚いた。

『鐘曳』は、弁慶が三井寺の梵鐘を比叡山に引き摺り上げたという伝説に基づく舞踊劇である。笛・鼓・三絃をフルート・ヴァイオリン・チェロに置き換えての構成だった。弁慶役を務めた瀧川末子の男役芸の真骨頂であり、「女に生れたは惜しい」とまで絶賛された。

ちょっと横道にそれるが、当時は西洋音楽の邦題や作曲者名の表記がまだ定まっていない。プログラム中の「序楽」が「序曲」のことだろうなというのは見当がつくし、モツァルト、ベエトーヴェン、シウベルトと書かれて、ちょっと変だとは思っても、まあ誰のことかはわかる。しかしながら別の箇所で、いきなり「モザート」とか出てくると「誰やねん、そのオジさん」と面食らってしまうし（モーツァルトの英語読み）、「ヴェトフエン」など最初から間違っているし、「ドボウラシャック」に至っては、道で会っても絶対気付かないと思う（多分ドヴォルザークのこと）。

更に曲名である。クラシック・ファンの方はクイズだと思って何の曲か考えていただきたい。だいたいわかると思うが、時代順に『聖馬太の感激』『ドン・ギオファンニー』『自由射手』『薬の奇蹟』『藍の色濃きダニューブ河』『中部亜細亜風景』『マダム・バターフライ』（ムニエルか！）『薔薇騎兵』『春の犠牲』『三柑子の恋』…まるでクラシックの仮装行列である（答えは本章の末尾に）。

閑話休題。このように現在であれば一万円出しても惜しくないような大イベントであるが、驚くべきことに入場料金は無料だった。ただし「歌劇」にはさみ込んである招待券が必要だった。これは編集長の丸尾が三〇〇〇部弱しか売れていなかった「歌劇」を一万部売れ、と小林に言われて考えた策の一つだったからだが、冒険だったにもかかわらず、理事長の吉岡が賛意を表してくれたとずっと後年になって丸尾は記している（『回想 小林一三 素顔の人間像』丸尾長顕）。

昭和〜平成の大劇場

こうして試行錯誤を繰り返しながら次々と作品を生み出していった宝塚大劇場は岸田辰弥の『モン・パリ』（昭和二年）、白井鐵造の『パリゼット』（昭和五年）によりレビュー黄金時代を迎える。

昭和一〇年（一九三五）一月一五日、大劇場は火災のため内部を焼失。しかしこの時も突貫工事により内装をリニューアル、二か月半後の四月一日に復旧した。小林の行動はいつも強引で早かった。

昭和一九年（一九四四）には、太平洋戦争の情勢悪化に伴う決戦非常措置要綱により大劇場は閉鎖、海軍に接収（せっしゅう）された。客席二階は板で仕切られ予科練の階段教室となり、明かり取りの窓が開けられた舞台は雨天体操場となった。戦後はアメリカ軍が進駐、昭和二一年（一九四六）四月、水田茂の『春のをどり―愛の夢―』と堀正旗の『カルメン』で再開した。

幾度かの黄金期と衰退期を繰り返しつつ、平成四年（一九九二）一一月、東側に建設された新劇場に役割を譲り、旧・宝塚大劇場は六八年の歴史に幕を下ろした。

＊1　『大阪新名所　新世界・通天閣写真帖　復刻版』所収の大正二年にルナパーク西通を撮影した写真に「米国式曲馬館」の建物が見える。
＊2　兵庫県南あわじ市の淡路人形浄瑠璃資料館（常設）、徳島県の犬飼農村舞台（徳島市）、辺川（へがわ）神社農村舞台（那賀町）、小野さくら野舞台（神山町）での公演や、広島県廿日市市の説教源氏節人形芝居の定期公演などで鑑賞することができる。

クイズの答え

聖馬太の感激……………マタイ受難曲（確かに受難は passion だが）
ドン・ギオファンニー……ドン・ジョヴァンニ
自由射手…………………魔弾の射手
薬の奇蹟…………………愛の妙薬
藍の色濃きダニューブ河……美しく青きドナウ（何だか狩野派の襖絵みたいですね）
中部亜細亜風景…………中央アジアの草原にて（セントレア空港みたい）
マダム・バターフライ……蝶々夫人（カロリー高そう）
薔薇騎兵…………………ばらの騎士
春の犠牲…………………春の祭典（内容的には確かにそうなのだが）
三柑子の恋………………三つのオレンジへの恋

第10章

小林一三

宝塚花のみちの小林一三胸像（彫塑家・朝倉文夫作）

みかんと議論

小林一三に関する評伝は、文字通り枚挙にいとまがない。阪急文化財団「池田文庫」の開架書棚にある関連書籍はざっと数えただけで数十冊に上る。いっぽう「歌劇」を丹念に読んでいると、自著や「偉い人はエラかった」的な評伝からは窺い知ることのできない、人間・小林一三の素顔や人となりが見えてくる。

奇術師の松旭斎天勝張りに手品が巧みだった（大正一二年二月号）。音楽歌劇学校の運動会で、一生懸命応援している人たちの袂やポケットにパン屑を入れて回った（大正一三年七月号「模擬店の雑景」瀧川末子）。新温泉の売店がシュークリーム五つ、カステーラ三つ……とあまりに忙しそうなので、通りかかった小林校長が見るに見かねて中に入り、

「ハイ、ハイ、何でございます。ハイハイ、フライビーンズ、ハイハイ一寸御待ち下ださい（……）おい、フライビーンズだよ、フライビーンズだよ。フライビーンズは何処にある。フライビーンズは！」

売り子の一人があとで「十人のお客様より忙しかったわ」と漏らしていた（大正一二年一二月号・新消息）。

こつぶにしてヒリリとからい。柄は小さいが声は遠慮なく大きい（大正一三年二月号・新消息）。校長自ら「毎日の炎天打続いた後に必らず暴風雨が襲来する。鉄柱、土工、各建築物及び樋の破損及修繕の必要なきや。此の際至急に手配せしめよ」と警告を発したこともあった。これでは白髪も増えるはずだ（同・九月号・新消息）。

二代目編集長の堀正旗の部屋に来る時は、必ずみかんと議論を持ってきた。

「ねェ君、大劇場に反対してゐる――徒輩だね、チュウチュウチュウ、既にだね、我輩の予言したる如くだね、チュウチュウチュウ」。

蓋しチュウチュウは蜜柑を召し上る音である。

（大正一二年六月号・新消息）

どうやら小林は原稿を執筆する前、誰かに議論を吹っ掛けることによって自分の考えを整理していたようだ。みかんがなくなると、早速切り上げて部屋を出て行った。このみかんチュウチュウと同じ号の巻頭には、小林の「大劇場の反対者へ」というタイトルの大論文が掲載されている。

「ねェ君」というのは小林の口癖だったのかもしれない。もともと山梨県の韮崎出身で、慶應義塾正科（現在の慶應義塾大学）卒業後三井銀行に勤務、本店や大阪、名古屋の支店を巡り、明治四〇年（一九〇七）に三四歳で関西に移り住んでからも、関東の言葉は終生抜けなかったようだ。

三代目編集長・丸尾長顕は、小林から「編輯をやってゐる小僧」と呼ばれていた。機嫌の好い時は、未来の文豪の雄であるかのように煽てられるのだが、悪い時には「この小僧!!」に下落した。「君」と最初に優しく呼び掛けられると必ずあとで叱られ、「お前」と初めがぞんざいだと何かきっと褒められた（大正一二年一〇月号・新消息）。

丸尾はしばしば小林の観劇のお供を仰せつかった。実際仰せつかったのだが、そろそろかな、と思うタイミングで、丸尾のほうから「（どこそこの芝居は）とても好評です」と小林の観劇欲を煽っていたこともある。

「いや、大阪ぢゃ新らしい試みですから、劇を語るものは是非とも――」

「ウム、さうかい」

「ええ、大々人気の大騒なんですが――でもまだ四日五日は狂言が揃ひませんで――さうですなァ、七日八日頃が一等いいと思はれます――それだと私も、何です、少し暇ですから御供が出来るんですが――え、ぢゃ電話をかけて八日の座席をとって置きませうか」

と自分の都合の良い日にお供をする観劇日を設定した。如才ないと言うか、チャッカリしている。

問題は芝居の最中の議論だった。頗る声が大きく直截簡明、語気強くまるで叱られているよう。先般も浪花座の桟敷で、大劇場、民衆娯楽、歌劇、安来節……さすがにちょっと静かにしてもらおうと、小林から一番縁の遠そうなものに話を持っていこうと思い、

「え、落語も度々御聞きになるのですか」

「何ァに、大阪の落語はとんと聞かないよ。だがね」(急に語勢が強くなってくる)「之でもね、東京にゐた頃にゃア、ちっとはあ聞いたもんだよ。神田ァ立花の――」

(大正一三年五月号・新消息)

小林の話は止まるところを知らなかった。

劇団の先生仲間で新年会を催して『勧進帳』を演ろうではないかという話が持ち上がったことがあった。弁慶は巨漢の岸田先生がいい。じゃあ、富樫は?

「富樫は吉岡さんがよろしいぜ」と云って、「(声を落して)人を咎めることが好きですからね」

吉岡さんというのは後年東宝の社長になった歌劇団幹事の吉岡重三郎。掃除が苦手な生徒に向けて「芸術家は清潔をも愛す。自重ありたし。幹事」と貼り紙をしたりしている。

「義経には小林校長を引張り出しませうや。そしてね――ほうれ、日頃頭を押へられてゐる鬱憤を晴すために、岸田先生と打合せて、本当にどかん! と……」

(大正一三年一月号・新消息)

芸術は商品である

編集部の若いスタッフたちが本音を語るコーナー「叛逆の頁」を立ち上げた時は、小林は「面白いね。若い間だよ。しっかりやるんだね」と煽ててくれた。

民衆芸術、大劇場、突貫急行電車、それに石鹼まで呑み込んでポンと敲いてお見せの大腹だ。

（大正一三年四月号「叛逆の頁」丸尾長顕）

石鹼というのは、新温泉で販売していたお土産用の石鹼のことである。実は石鹼は小林のアイデアではなく、大西という社員の発案だったようだが、丸尾がずっと後年「香料にひどく苦労した」と回想しており、完全に宝塚のオリジナル商品だったらしい。大正一二年（一九二三）一〇月号には見開き二ページで「『宝塚少女歌劇石鹼』を安く売る理由―何故に原価で売るのかといふ御質問に対して―」という大広告が掲載されている。

宝塚へ来て頂いたといふことは、お客様として既に相当な賃金を頂戴してゐるのですから、新温泉にお遊びにお出でになって歌劇を御覧になる、此場合にせめて電車賃が只になった位の何かお埋合せをしなければすまない。それには出来る丈けお土産をお安く差上げるのが一番御便利で実用的であると考へまして、この石鹼をこしらへて発売いたしましたのです。

読んでいてこちらの歯が浮いて来そうだが、「無駄な広告も無く」「卸売店・小売店も通さず」「勿論利益など毛頭考へず」「純原価とわづかの営業費のみ」で、一〇〇〇ダース製造するのと一〇万ダース製造するのとでは生産費に非常な相違があるので、買っていただければいただく程「お安く差上げることが出来るので御座います」と結ぶ。宝塚少女歌劇石鹼の広告は、その後も何度も掲載されている。石鹼以外に「歌劇もなか」というお土産もあった。

〝今太閤〟とも綽名された小林が今日の阪急阪神東宝グループ*1の礎を築くことができたのは、小林が銀行出身でソロバン勘定ができたからである。第1章でも触れたように依頼公演の謝礼、また脚本や楽譜や絵葉書を上演中にも売りに来るというので、観客から「活動小屋のかき餅か！」と不興を買っていたが、これらにより少女歌劇は、創設から五年目には本社からの補助金なしで独立採算できるようになっていた。

食堂にいろいろ献立を用意するのは無駄なので、「出来るならビフテキとライスカレーの二種位しか供給しない事にするとよいが」（大正一三年八月号「大劇場に於ける上演種目は三様」坪内士行）と言ったというのは、どこまで本気だったかはわからないが、きっと半分は本心だったのだろう。「特撰『宝塚新風景』（教師の巻）」というイラストに記された小林の台詞は「まだ開拓の余地あり」である（大正一四年一一月号）。さらなるビジネスチャンスを探し続けていたのだ。そして何よりも小林には、「芸術作品は商品」という強い信念があった。

> 非営利の演劇に一任して夫れで民衆芸術の進歩発達を待つ訳にはゆかない。（略）営利を目的としない劇は、いつの間にか消滅して仕舞ふのであります。
>
> （大正一一年六月号「芸術第一義の立場から」）

しかし目先の営利を求めるだけではいけない。

所謂文士側なり劇評家からは、絶えず営利本位であるが故に劇界は堕落して困ると攻撃してゐる。これは日本の芝居なるものは、只だ営利を目的とするが故に悪いのであって、若しこれを事業本位、即ちビジネスとして取扱ふやうになれば、そこに初めて進歩あり、改良あり、芸術的に向上すべき性質のものであると思ふ。

（大正一三年二月号「事業としての劇」）

「芝居・やど屋・料理屋は、日本ではまだ事業本位にはなっていない」と小林は言う。旅宿は「お妾さんの内職」であり、芝居を観に行くとあれこれ小物に三〇銭か五〇銭取られる。弁当を取ると他所より高い。トイレに行くと水をかけて、それでまた一銭か二銭取る。そして幕間をはさみながら一〇時間も一二時間も芝居は続くのである。

これについては青柳有美も援護射撃を行っている。一九世紀以降科学が急速に発展し、世界を挙げて科学化するに至ったのは、科学者が科学をコマーシャライズする気になったからであるとして、

「宝塚」も看板だけは飽くまで「芸術」にして置いて、之により御客を引き込み、その実コムマーシャライズされた歌劇を上演し、大衆を悦ばすやうにするのが、最も賢き営業政策であらうと思ふ。

（大正一三年七月号「コムマーシャリズムなる哉」より）

「田舎出の青年を相手にするのが宝塚少女歌劇の目的だ」という発言を坪内士行に誌上でバラされ（大正一四年七月号「十字火」）、真面目に評論している地方出身の学生が読んだら気を悪くしたかもしれないが、そのこと自体は決して間違っていない。宝塚少女歌劇は「青年男女の心を惹くやうに出来てゐて、予備智識を要するやうな高級なものでなく、恰度手頃なもの」であり、「東西古今の名篇名曲を簡化して見せてもらふことは、芸術書に親しむこと稀れな吾々にとっては有難こと」（大正一一年

一月号「教育家から観た宝塚少女歌劇」広瀬文豪・談）だったのである。小林は言う。

（日本も）今に外国の実例を見るやうに、ホテルや料理屋や芝居や活動写真や、さういふ種類の商売を事業化することによって、システマチックに成功する人が現はれてくるに違ひない。

（前出「事業としての劇」）

それはあなただった、と思う。

見果てぬ夢

こうやって思うことを、机上の理屈を捏ねるだけではなく、次々と実践してきた小林だったが、何度か試みてはついに叶わなかったことがある。それは男女混成の本格的歌劇団創設の夢だった。

小林のやり方として、まず「歌劇」誌上に構想をもらす、もしくは新聞に情報をリークする、しばしばそれは二歩も三歩も世間よりも先んじているので、当然ファンや「歌劇」読者から猛反発が巻き起こる。単に観測気球を上げてみただけならばここで引っ込めるところだが、小林の場合、散々異見を言わせるだけ言わせておいて、結局実行してしまう。音楽歌劇学校の設立もそうだったし、二部制の実施の時もそうだった。実際にやってみて上手く行かなければ、軌道修正すればいいのである。

こうして「男子選科生（男生）」の授業は、大正八年（一九一九）一月に始まった。

男女混成の歌劇団に関しては、小林は「歌劇」第三号で「芸術家として歌劇の向上発展に一身を委ねやうといふ希望者の為に」「選科を設けて其修業年限を四ヶ年とし、特に男子を入学せしめ、坪内士行先生指導の許に、一種の歌舞劇を創設して見てはどうか」という男子選科設立の意義を掲げた（大正八年一月号「生徒の前途はどうなりますかといふ質問に対して」）。

一九一九年（大正八年）の一月、選科の授業が始まってから一週間ばかりおくれて、私は東京から始めて（ママ）宝塚へ行った。（略）選科生は始め（ママ）男ばかりだった。で、第一回の試演には女役も男が代って済したけれど、第二回目からはさうも行かなくなった。そこで坪内先生のお骨折で、少女歌劇の新生徒の中から、特にエロキウション（発声法）やゼスチュアの研究がしたいといふ志望者を募って、その足りない女優を満して下すった。

（大正九年八月号「忘れ得ぬ人々」緋紗子）

この文章の筆者「緋紗子」というのは、堀正旗のペンネームである。六月には二期生として岸田辰弥と白井鐵造が入所してきた。こうして男子加入の準備が進む中、しかしこの構想は早々に頓挫し、この年の一一月二〇日には早くも選科解散式が行われることになる。

男子加入というのは、少女歌劇の舞台に男性を出演させるという意味ではなかった。少女歌劇の行き詰まりが叫ばれる中、少女歌劇の年長者を分離して新しい劇団を作り男優と合同させる、すなわち少女だけの劇団ではなく、これとは別に男女混成の劇団を設立しようというのが本来の目的であった。そもそも坪内は新劇団創設のために招聘されてきたのである。

だが情報を洩れ聞いたファンはそうは受け取らなかった。元・男子選科生の一人が述懐している。

私たちはかつて坪内先生の御指導のもとに、宝塚音楽歌劇学校の選科生として、少女歌劇とは全然別箇の純然たる新劇運動を宝塚に巻き起そうとし、一年あまり苦心してゐた者ですけれど、それにも拘らず、外部の人達からは下らない感情から発したいい加減な憶測から、馬鹿々々しい誤解と曲解とを受けて、恰も私たちが少女歌劇の中に男優が加入して、将来歌劇の舞台に立つもののやうにさまざまの風聞を伝へられた（大正九年八月号「帝劇公演」松荘）

当の坪内自身も「選科男生養成の企ては、勿論少女歌劇の中へ男を交ぜようとする無謀千万な企てでなかった」「廿三四以上にもなった成女と提携すべき男生を予め養成する親切心に他ならなかった」、しかし時期尚早で「少女歌劇団々員中には、男子と提携してまで永久に芸術家として立って行かうと云ふ希望者が一人も出なかったために、中止解散となった」と記している（大正九年一月号「人間としての真価」）。

小林の商業主義には賛同した青柳有美も、男性加入論についてはキッパリ反意を示している。「『宝塚』を保存する為には、何うしても（男女混成の）演劇部は潰してしまはねばならぬものでした。（略）演劇部の創設を思ひ立たれてあった小林校長は、少し斯の点に於て、聡明を欠いて居られたものであると謂はねばなりません」（大正一〇年一月号「宝塚の先生と生徒サンとへ」）。

こうした経緯で新劇団の構想は潰えたはずだったが、しかしその後も男性加入論は何度も頭をもたげてきて、そのたびに賛否両論が巻き起こった。

何故男優を加入せしめて、当歌劇団の欠陥を補はしめ、併して芸術的本能を発揚せしめないのですか。【賛成】（大正九年三月号）

大阪毎日新聞の記事で、意外な事を知りました。それは私達が熱愛する宝塚少女歌劇団が、ゆくゆくは男子歌劇団員を入れて男女混成演劇部を作るといふ事です。（略）私は胸のさける程おどろきました。【反対】（大正一〇年三月号）

少女歌劇と云へば宝塚を連想されるやうになって二部に分割される隆盛を見るやうになったのですから、此際（このさい）、年長の方の組には男声も交へるやうにして、少女歌劇の創始者である「宝塚」が、日本の芸術的な真実のオペラの創建者である栄冠も、当然受くべきものでないでせうか。**【賛成】**

（大正一一年一月号「劇場と歌劇と社会事象」厨川蝶子（くりやがわちょうこ））

「男子部を立てたら如何（どう）ですか。そうして男女別々に公演する様にすればどうです」（大正一三年一月号）という意見もあったが、それじゃ意味ねーじゃん、と思う。

サトウハチロー、佐藤愛子の父で小説家の佐藤紅緑（こうろく）（一八七四～一九四九）と大劇場公演を一緒に観た佐藤の友人の画家は、「惜しいものだ」という感想を漏らした。

「これだけに完備し、これだけの費用と努力を以てして何となく物足りないのは何のためだらう」

「男優がないからだらう。音楽にバス（低音）がないやうなものだらう」

「何故に男優を用ひないか」

佐藤が説明すると友人は頷（うなず）き、「併（しか）し」と言って続けた。

経済の問題にしろ、風紀の問題にしろ、又興行政策上にしろ、此の儘（まま）で継続するといふ事は、時代に遠ざかるものではなからうか。少女歌劇に依（よ）て養成せられたる一般関西人民が、もはや十余年の薫陶の為（た）めに音楽智識が進み、今日は児童と雖（いえど）も男のない劇は不満になって居る。ここに当事者は百尺竿頭（かんとう）一歩を進むる必要がなからうか。

（大正一三年一一月号「宝塚の芸術の為に」）

友人の言葉を受けて、佐藤も「少女歌劇をもっと大きなもの、即（すなわ）ち純芸術的に引上げる事」あるいは「他に何等かの団体を組織して、車の両輪の如く相対峙せしめる事」を提言しているが、思うに次の投稿がレビュー黄金時代の中で姿を変え、独自の発展を遂げて一〇〇年後の今日に至っている宝塚歌劇のあり方を予言しているのではないだろうか。

男優加入、少女歌劇より分離した理想的歌劇団の創立に就いての議論は随分古いものですが、私は一寸考へものだと思ひます。宝塚少女歌劇に向って芸術とか日本歌劇発祥地とか云ふ要求があまりに大きいのに困ります。宝塚少女歌劇は、日本歌劇発生に対する刺戟であり、又伏線でありたいのです。

（大正九年六月号・今井睦太郎）

筆者の今井の経歴はわからないが、この文章を記した時は奉天（現在の中国・瀋陽市）にいて、「（奉天は）建築物の豪壮を誇る許りで、この方面の娯楽機関を欠いて居る淋しい殖民地（ママ）生活の唯一の慰藉は、只宝塚情調の空想なのです」と書いている。

上海のロシア人ファン

ここでちょっと寄り道するが、上海に宝塚ファンの溜まり場があったらしい。

投稿者が街で出会った旧知の友人M君と行った〝Gカフェー〟はまるで「人種の展覧会」のよう、金髪の美人や美青年や桃割れの日本のお嬢さんがいた。「何が人種差別、何が排日」と思っていると、碧眼で投稿者の倍ぐらいの背の高さの男が袖を引っ張って、「ベリーグレート・タカラヅカ・ガールスオペラ」と拙い英語でしゃべり掛けてきた。あとで聞くと上海では有名なロシア人で熱烈な宝塚ファンだったらしい。

高麗酒の壺が転がり、紫煙（しえん）が立ち込める店の壁には、チャイナドレス姿の住江（すみのえ）岸子の写真や、天津乙女や有明月子や春日花子や初瀬音羽子や瀧川末子の写真も貼ってあった。「歌劇」が三冊ほど、脚本集も二冊ばかり置いてあった。M君曰く、

「宝塚は興業的になったんだね。去年は九州各地に巡業した然（そ）うだね。その時は、あれから朝鮮に来て、当地でも公演するって、大した人気だったぜ。併（しか）しおしいことには、こちらに来なかったよ」

「そんなに見たけりゃ、皆で出合（だし）って、こちらへ宝塚少女歌劇団を呼べばどうだね」

「そりゃよからうが、大変な事で会計がもてないだろう」

投稿者がM君に九州巡業の宝塚はホンモノでないことを教えてやると、M君は驚いていた。

「花井敏郎の組んだ少女歌劇があした名のもとに各地で興行したんだ。然（そ）うして嫌と言ふ程もうけたんだぜ」

（大正一三年七月号）

花井敏郎は浅草オペラ出身の俳優である。前出「東京少女歌劇」や中野某のニセ宝塚少女歌劇団・松組とは別口の少女歌劇らしい。なお宝塚の上海公演はずっと後年、平成一一年（一九九九）と一四年（二〇〇二）になってようやく実現している。

国民劇とは

戦後まもなく再び宝塚に「男子部」が結成されたことがあった。しかしながら一度も宝塚の舞台に立つことはなく解散してしまった経緯については、辻則彦著『男たちの宝塚――夢を追った研究生の半世紀』に詳しい。『男たちの宝塚』は『宝塚ＢＯＹＳ』のタイトルで舞台化され、何度もリバイバ

ル上演されているので、ご覧になった方もいるだろう。
小林が男性団員加入にこだわり続けた理由はわからない。

小林さん一人の考へが頭抜け過ぎてゐるのさ、真の小林さんの仕事に対する共鳴者が無いからいけないのさ……つまり小林さんの心を心として働く人が無いからいけないのさ。

（大正一四年一月号「愚問凡答」吉川迷二）

これは必ずしも男子加入のことを言っているわけではない。しかし常に世人（せじん）の三歩も四歩も先を見据えてきた小林だが、しかし男子加入に関する拘泥（こうでい）は正しかったとは思われない。既に世間のファンは女性だけの宝塚が好きだったのだし、もっと言えば、宝塚が「不完全」で「中途半端」でいつまで経っても「未完成」だからこそ、大正、昭和、平成の時代を経て令和の今日までファンは宝塚を愛し続けてきたのではなかったか。

宝塚歌劇団が男性団員を取り込むことは遂に叶わなかったが、兄弟グループに属する東宝ミュージカルにおいては、宝塚出身スターがしばしば主演を務め、あるいは脇を固めてきた。また以前は現役の生徒が東宝の舞台や、宝塚新芸劇場（かつての宝塚中劇場である）をホームグラウンドとする宝塚新芸座の公演に特別出演することもしばしば行われた。

小林が提唱してきた「国民劇」とは何だったのだろうか。

小林が「大劇場主義」で目指したものは、座席料金を安くすることだった。しかしながら、現在宝塚大劇場のS席は八八〇〇円、一階センターブロックの前から七列目までのSS席に至っては、一万二五〇〇円もする。筆者が大劇場に足を運び始めた昭和五八年（一九八三）頃の大劇場（旧劇場）のS席は二五〇〇円だったから、明らかに高くなってはいる。

それでも宝塚は、そして宝塚だけでなく歌舞伎もミュージカルもオペラもバレエも、現在では一部の特権階級の占有物ではなく、国民の誰に対しても開放されている。もちろんチケットの入手に苦労するプラチナ公演はあるけれども、座席位置に拘(こだわ)らなければ安い席だってある。「国民劇」とは形式やスタイルのことではなく、誰もがいつでも自由に観られる環境こそが、「国民劇」というべきものだったのではないだろうか。

さァ帰って寝ろ!

さて宝塚大劇場の開場前夜、「歌劇」編集部もまた多忙を極めていた。編集長の丸尾も激務による極度の過労のため何度も脳貧血を起こしては倒れ、これ以上仕事をしたり、働いたりすると命に関わると医者に怒鳴られたりしていた。それでも丸尾はこの月の「歌劇」は大劇場落成特別号であり、石に齧(かじ)り付いてでも自分の手でやらねば申し訳ないと、いつ倒れてもいいように人を付けて出社し、編集作業を続けていた。その丸尾を小林が校長室に呼びつけた。

「ここな馬鹿野郎奴(め)が! 貴様はこの俺の心持が解らないか! 馬鹿野郎奴!」

「貴様は病気ぢゃないか。それに度々(たびたび)ひっくら返ったと云ふ話ぢゃないか! それに会社へ何のために出て来る。俺は貴様を出来るだけ偉いものにしてやらうと思ふ。そして貴様にそれ働け、やれ働け、ああしろ、かうしろと指図をしてやってゐる。だが、よく聞けよ。何にも貴様を苦しめてやらうとか、貴様の膏血(こうけつ)を絞って働かし、会社が出来るだけ利益を上げてやらうなんぞと、そんなちっぽけな気持(きもち)は微塵も持って居らぬわ! さァ帰って寝ろ！　癒るまで一月でも二月でも静かに養生しろ。癒るまで会社に出て来ることは罷りならん！」

「後のことは心配するな！　雑誌の一冊や二冊、一週間でこさへて見せるわ！　有馬か城の崎かへ行って静かに養生して来い！　それとも金銭がないのか！」

「解ったか、解ったら帰れ。そして静かに養生してこい」

（大正一三年八月号「病牀楽書」丸尾長顕）


若い丸尾は程なく回復し、「脳病院に行った」だの「神経衰弱で呻吟」だの無責任なことを書かれながらも、その後一〇年近く「歌劇」の編集長を務める。昭和三年（一九二八）、小説『芦屋夫人』が「週刊朝日」の懸賞に入選。文筆家を目指して上京、「婦人画報」の編集長となる。戦後、昭和二四年（一九四九）と翌年に実業之日本社から『宝塚スター物語』『宝塚新スター物語』を相次いで上梓、宣伝には「丸尾長顕先生の二名著！」というキャッチコピーが添えられた。

昭和二六年（一九五一）五〇歳の丸尾は、小林に請われて東京・有楽町の日劇ミュージックホールのプロデューサーに就任。胸も露わな踊り子三人に囲まれた写真があるが、すこぶる小柄である。宝塚時代にはそうした身体的特徴を「小僧」だの「豆狸」だの散々イジられた丸尾だったが、そんなことは臆する風でもなく、皆に愛され、五回も結婚している。丸尾の宝塚での仕事は別の機会に追ってみたい。

小林一三に会える場所

さて小林が逝去して六〇年余、直接その人となりに触れたり、薫陶を受けたりした人も殆どいなくなった。もはや歴史上の人物と言ってもいい小林だが、大阪の池田市に今日もなお生前の小林の息遣いを感じられる場所がある。正門や茶室と共に「小林一三記念館」として国の登録有形文化財に指定されている小林の旧宅「雅俗山荘」である。
阪急池田駅下車、池田市役所の前の通りを五月山方面に歩いていくと右に入る細い坂道がある。昔は牛車や馬車が通ったという「牛追坂」である。坂の途中の家では、小さなおばあさんが四季折々の花を育てていて、春先には蠟梅が、秋の終わりには紅に移ろうてゆく白菊が美しい。前方に見える寺の石垣を目指して登って行くと、短い坂はすぐに車道と交差する。この車道が「めん茂坂」である。明治初年までは石段だったという。

その「牛追坂」と「めん茂坂」の交差点の左奥、現在は「池田文庫」の敷地の一部になっている石垣の上に、かつて「めん茂楼」という老舗料亭があった。大正九年(一九二〇)五月、雨天のために運動会の会場を、小林邸の庭園から急遽ここの百畳敷の大広間に変更して開催したという料亭の跡である(一二二ページ参照)。

池田文庫の奥の建物が、小林が収集した美術工芸品を所蔵する「逸翁美術館」(〝逸翁〟は小林の雅号)と、宝塚のOGもしばしばミニ・コンサートを開催する「マグノリアホール」である。その前の角を右に折れて、池田城址の外堀跡だという坂道を登っていくと、左手に病気で倒れた生徒たちが代わる代わる入院していた回生病院、その向かいが「小林一三記念館」である。現在でこそ瀟洒な住宅が建ち並んでいるが、昔は周囲には畑が広がっていたに違いない。

記念館敷地に新築された「白梅館」の展示室には、箕面有馬電気軌道に始まる池田の室町住宅、箕面動物園、宝塚新温泉、宝塚少女歌劇、阪急百貨店など阪急の歴史から東宝、ひいては東急グループとの関わりに至るまでの諸資料が展示され、興味は尽きない。

宝塚歌劇四〇周年（昭和二九年）の時に撮影された集合写真では、小林はメガネ姿の高峰妙子と並んで中央に納まっているが、大柄で押し出しの強い高峰に比べ、小林は如何にも小柄である。そう言えば、若き日の四代目・市川男女蔵に「チビでおしゃべりで白髪頭」と陰口を叩かれていたっけ。

記念館の中心をなす「雅俗山荘」は、小林の旧宅を居住当時の形に復元したものである。山荘と言うだけあって、がっしりした造りで、贅を凝らしてはいるのだろうが決して絢爛ではなく、落ち着いた雰囲気の中に品格が感じられる。吹き抜けの大広間の壁には、小磯良平画伯（一九〇三～一九八八）が描いた八一歳の小林の肖像画が掛けられている。

雅俗山荘の展示物に添えられた説明からは、公式のバイオグラフィーからは零れ落ちてしまうような幾多の小さなエピソードを掬い上げることができる。慶應義塾時代の小林は先輩や同輩と「鶴鳴会」という演説討論の会を結成していたらしい。みかんをチュウチュウ吸いながら堀正旗に議論を吹っかけてきたルーツはこんなところにあるのだろう。

二階の展示室には与謝野鉄幹・晶子夫妻との交流を示す資料も掲げられている。「歌劇」創刊号に掲載された「武庫川の夕」三吟は、こんな縁から生まれたのだろう。同室では昭和二八年（一九五三）一〇月九日に放送された『大阪経済の今昔を語る』というラジオ座談会の音声で、小林の肉声を聴くことができる。晩年の小林は、おしゃべりではあるかもしれないが、もう早口ではない。ゆっくりと間を取りながら、自分の言葉を反芻するように、来し方を振り返っている。

昭和三二年（一九五七）一月三日、毎年恒例の初釜茶会を開き、万来の客人と八四歳の誕生日を祝う。一三という名前は、一月三日から来ていた。酉年の小林は七度目の年男を迎えたことを自ら寿ぎ、「七返る酉の高鳴く御慶かな」と吟じた。小林は茶人であり、俳人であり、歌人でもあった。一月一〇日、前年四月に設立した梅田コマ・スタジアムに出社、二〇日には楳泉亭で北摂丼会の茶会に出席したが、その後俄に体調を崩し、二五日自宅で永眠。急性心臓性喘息だった。

＊1　現在の阪急阪神東宝グループは、阪急阪神ホールディングス（鉄道・ホテル・不動産など）、エイチ・ツー・オー・リテイリング（百貨店など）、東宝（映画・演劇など）の三つのグループから成り、宝塚歌劇団は、阪急阪神ホールディングスの中のエンタテインメント事業に含まれ、東宝ミュージカルは東宝に所属する。

あとがき

二〇一九年三月末、三一年間奉職した会社を退職した時、やりたいことが二つあった。

一つは小笠原諸島に行くこと。小笠原に行くには空の便がなく、六日毎の船便を利用しなければならないのだが、船の運航スケジュールに合わせた休暇が、在職中にはどうしても取れなかったのだ。これはその年の五月に早々と果たすことができた。余談だが、片道たった二四時間ながら、往路の船酔いには酷く悩まされた。一〇〇年前、神戸港からマルセイユまで四〇日以上掛かった高木和夫や岸田辰弥らの船旅はさぞかし大変だっただろうと思う。

もう一つは、阪急文化財団池田文庫所蔵の「歌劇」の創刊号から行けるところまで、どこまでも読むということ。池田文庫には、それまでも折につけ足を運んで調べ物をする機会はあったが、書架に並んだ「歌劇」をいつか腰を落ち着けて読んでみたいものだとかねがね思っていたのである。始めるなら今だ。池田文庫は毎年六月の終わりに書庫整理のため休館となる。その休み明けを待って、阪急電車に乗って久し振りに池田に向かった。

「歌劇」を読み始めるに当たっては、A４版のノートを持って行った。面白そうな記事をメモするためである。読み始めて驚いた。少女歌劇以外の記事が実に多い。当時の演劇・音楽・その他もろもろの文芸全般に関わることはともかく、五人の不良少年に惨殺されたという少女の話題や轢死した老婆の遺体の損傷状況など、どう考えても宝塚とは無関係な話が出てくる。いずれも大阪の市井の東洋古典学者で社会評論家だった岡田播陽（一八七三～一九四六）が寄せたエッセイである。

それは極端な例だとしても、大正七年（一九一八）八月発行の創刊号から数号はとにかく読みづらいことこの上ない。こちらが読み慣れていないせいもあるのだが、旧漢字はまだしも、画数の多い見たこともない異体字、誤字・脱字・ミスプリントの頻出、そして特有の持って回った言い回し……特に鈴木賢之進（一八九六～一九七〇）という音楽学者の文章など、きっと頭脳明晰な人だったのだろうが、簡単なことをわざと難しく書いているようなところがあって、ついに読むのを諦めたぐらいだった。

それでも暇に飽かしてじっくり読んでいると、創生期の宝塚の光景がだんだん浮かび上がって来た。それは現在の宝塚とは全く違う、驚くことの連続であった。そして初めは芸名も定かでなく、無個性な白塗り化粧の生徒たちの素顔が徐々に見え始めてきた。その中で最も鮮烈な印象をもって現れてきたのは、当時は大人気生徒だったのに現在ではすっかり忘れられてしまった高砂松子だった。これは誰かに伝えたい……と思ったのが本書を認めようと思ったキッカケである。

本書の内容は概ね大正七年（一九一八）八月号から大正一四年（一九二五）一二月号まで、一九九七年に雄松堂出版から発行された復刻版に拠っている。

どうして大正一四年一二月号までかと言うと、ここに年譜的な切れ目があったわけではなく、この辺まで読んだところでコロナのため池田文庫が一時休館になってしまったためである。当初は昭和二年（一九二七）の『モン・パリ』初演あたりを区切りとするかな、と考えていたのだが、こればかりはどうしようもなかった。空いた時間を原稿らしきものを書くほうに回すことにし、それが本書のベースとなっている。

昭和に入る前後から、創生期の様子を俯瞰的に振り返る連載記事や投稿なども増えてくるのだが、本書が扱った時期の諸事項は回顧というよりもほぼ同時進行形である。しかも大正三年（一九一四）から「歌劇」創刊の大正七年（一九一八）までの四年間は空白期間であり、また創刊後二年半ほどは季刊だったので、その間に起こったことを充分に追えているとは言い難い。これはその後の回顧記事や個人的に蒐集した資料により、次の機会にあらためてまとめてみたい。

そもそも本書の大本は、これと言った目的もないまま筆者の興味が赴くままに「歌劇」の記事や投稿文を書き写したメモである。ところがある時、それが図らずも創生期の宝塚だけではなく、教科書では知るべくもない、大正という時代の世相をそのまま写し取っていることに気付いた。いっぽう近視眼的に見れば、たまたま歌劇の生徒に選ばれはしたけれども、そうでなければ大半は全く無名のごく普通の少女たちの日常がそこにはあった。筆者のノートも今では九冊目となった。

本書をたまたま手に取って、筆者同様、時には呆気に取られたりしながらお楽しみいただければ幸甚である。

最後に正体不詳の閲覧者を四八〇日近くも快く受け入れてくださった阪急文化財団池田文庫様、「これでは宝塚ファンではない一般の読者の方には何のことかわかりません」と細かにご指摘・ご指導くださった集英社インターナショナル・河井好見様に厚く御礼申し上げます。

池田の牛追坂に蠟梅が咲く季節に　小竹哲

参考文献

『歌劇　復刻版』第一巻〜第一四巻（一九九七）／雄松堂出版

『寶塚少女歌劇脚本集』／箕面有馬電気軌道・阪神急行電鉄

『寶塚歌劇四十年史』（一九五四）／宝塚歌劇団出版部

『宝塚歌劇五十年史』（一九六四）／宝塚歌劇団

『宝塚歌劇の60年』（一九七四）／宝塚歌劇団出版部

『宝塚歌劇の70年』（一九八四）／宝塚歌劇団

『夢を描いて華やかに　宝塚歌劇80年史』（一九九四）／宝塚歌劇団

『宝塚歌劇90年史　すみれ花歳月を重ねて』（二〇〇四）／宝塚歌劇団

『宝塚歌劇１００年史「虹の橋　渡りつづけて」人物編』（二〇一四）／阪急コミュニケーションズ

『宝塚大劇場ものがたり　１９２４〜１９９３』（一九九三）／宝塚歌劇団

『紫インキ』（一九二三）／高砂松子・初瀬音羽子／宝塚少女歌劇団出版部

『寶塚の歌劇少女』（一九二三）／橋詰せみ郎編／新正堂書店

『宝塚らくがき』（一九五〇）／冨士野高嶺／実業之日本社

『越しかた九十年』（一九七七）／坪内士行／青蛙房

『宝塚音楽学校』（一九七六）／上田善次／読宣「読売ライフ」

『おお宝塚60年「ドンブラコ」から「ベルばら」まで』（一九七六）／朝日新聞社

『タカラヅカ　華麗な舞台とスターを育てた70年』（一九八一）／毎日新聞社

『回想　小林一三　素顔の人間像』（一九八一）／山猫書房

『すみれの花は嵐を越えて　宝塚歌劇団の昭和史』（一九九三）／橋本雅夫／読売新聞社

『宝塚　消費社会のスペクタクル』（一九九九）／川崎賢子／講談社選書メチエ

『宝塚というユートピア』（二〇〇五）／川崎賢子／岩波新書

『宝塚歌劇　〈なつかしさ〉でつながる少女たち』（二〇一五）／永井咲季／平凡社

『小林一三の知的冒険　宝塚歌劇を生み出した男』（二〇一五）／伊井春樹／本阿弥書店
『小林一三は宝塚少女歌劇にどのような夢を託したのか』（二〇一七）／伊井春樹／ミネルヴァ書房
『宝塚歌劇から東宝へ　小林一三のアミューズメントセンター構想』（二〇一九）／伊井春樹／ぺりかん社
『興行師列伝　愛と裏切りの近代芸能史』（二〇二〇）／笹山敬輔／新潮新書
『宝塚　変容を続ける「日本モダニズム」』（二〇二二）／川崎賢子／岩波現代文庫

『男たちの宝塚――夢を追った研究生の半世紀』（二〇〇四）／辻則彦／神戸新聞総合出版センター
『少女歌劇の光芒　ひとときの夢の跡』（二〇〇五）／倉橋滋樹・辻則彦／青弓社
『ＯＳＫ日本歌劇団90周年誌　桜咲く国で～ＯＳＫレビューの90年～』（二〇一二）／ＯＳＫ日本歌劇団

『わが寄席青春録』／正岡容／青空文庫
『定本　日本浪曲史』（二〇〇九）／正岡容（著）・大西信行（編）／岩波書店
『日本で一番もてる男の話　艶譚　ヌードの王様』（一九六四）／丸尾長顕／光文社

『あきた』通巻四九号（一九六六）／秋田県広報協会～「青柳有美」（奈良環之助）
『鐘紡百年史』（一九八八）／鐘紡株式会社社史編纂室編
『大阪新名所　新世界・通天閣写真帖　復刻版』（二〇一二）／橋爪紳也（監修・解説）／創元社
『宝塚温泉　思い出彩色写真帖』（二〇一七）／宝塚自治会（写真）・宝塚市立図書館（編集）／宝塚市立図書館

小竹哲 こたけ・さとし
一九六四年、三重県四日市市生まれ。京都大学文学部卒。大阪の朝日放送で浪曲番組、アニメ番組、クラシックコンサートなどを担当し、二〇一九年退職。昭和の「ベルばらブーム」以来の宝塚ファン。一九八三年春より大劇場公演はほぼ全公演観劇。宝塚歌劇に関する論考、公演評、エッセイの雑誌などへの寄稿多数。

宝塚少女歌劇、はじまりの夢

二〇二三年三月二九日 第一刷発行

著者 小竹哲
発行者 岩瀬朗
発行所 株式会社 集英社インターナショナル
〒一〇一-〇〇六四 東京都千代田区神田猿楽町一-五-一八
電話:〇三-五二一一-二六三二
発売所 株式会社 集英社
〒一〇一-八〇五〇 東京都千代田区一ツ橋二-五-一〇
電話:読者係 〇三-三二三〇-六〇八〇
販売部 〇三-三二三〇-六三九三(書店専用)
印刷所 凸版印刷株式会社
製本所 加藤製本株式会社

ISBN978-4-7976-7424-8 C0095